뚜띠쿠치나에서 인문학을 만나다

혀끝이 아닌 삶으로 느끼는 맛

뚜띠쿠치나에서 인문학을 만나다

이현미 지음

모아북스
MOABOOKS

살면서 느끼는
행복한 인생의 맛

행복, 누구나 원하는데 실체는 없지요.

왜 그럴까요? '행복'이라는 건 원래 없는 거랍니다.

그래서 아무도 가질 수 없다고 하네요. 다만, 행복을 느끼는 순간이 있을 뿐이라는 겁니다. 행복은 시간의 흐름 속에서 어느 순간이 행복하다고 느끼는 것, 다시 말해 '나의 행위'나 '내가 관계하는 대상의 행위' 가운데 느끼는 것이지 행복이란 그 자체로는 존재하지 않는다는 겁니다.

그런데 그 행복한 느낌도 혼자서는 가질 수 없겠지요. 사람이든 다른 동물이든 사물이든 어떤 대상과 관계를 맺어 함께할 때라야 느낄 수 있지 않겠어요. 우리가 어느 순간에 어떤 대상과 어떤 관계에 있을 때 행복을 느끼는지 시인이 잘 노래하고 있네요.

일하다 잠시 쉬는 시간에 자판기 앞에서

사람들과의 대화와 함께 마시는 커피 한 잔.

화창한 가을날의 신선한 바람.

기대하지 않은 사람에게서 어느 날 받게 된 편지.

외로울 때 어김없이 걸려오는 친구의 전화벨 소리.

어느 추운 겨울날 오랜만에 내리는 함박눈.

잠들기 전에 무심코 켠 라디오에서 들려오는

귀 익은 음악 소리……

때론 이런 것들에 나는 행복감을 느끼며

지쳐 있던 몸을 추스르며 다시 내일을 살아가게 됩니다.

이런 사소한 일들 하나가 나의 가슴을

따스하게 데워주는 위로가 되는 이유는

우리를 힘들게 하고 괴롭히는 것들은

언제나 이보다 더 사소한 일들이라는 것을

나는 너무나 잘 알고 있기 때문입니다.

_박성철, 〈조그만 행복〉 전문

어때요?

시인에 따르면 행복은 생각보다 사소한 데서 오지요.

그런데 그 이유에 주목할 필요가 있습니다.

"우리를 힘들게 하고 괴롭히는 것들은 언제나 이보다 더 사소한 일들이라는 것을 나는 너무나 잘 알고 있기 때문"이라는 겁니다.

들고 보니 저도 그랬네요. 돌아보면 저 역시 행복해지는 이유보다 더 사소한 일들로 인해 괴로워하고 불행해했으니까요. 그래서 이제 저는 제가 가는 길이 많이 더디더라도 함께 가는 행복을 포기할 수는 없습니다. 그것이 바로 제가 사는 이유가 되었으니까요. 또 천천히 가게 되면 그만큼 멀리 갈 수 있지 않겠어요.

저는 앞에서 행복은 그저 느끼는 것이지 존재하지 않는 거라고 했는데, 시인은 행복이 사는 데를 찾아내고 말았군요.

행복은 언제나 당신의 마음속에 있습니다.
그러나 사람들은 그 사실을 모른 채 아니 모르는 척
다른 곳에서 찾으려고 합니다.
당신을 떠나 뒤돌아서서 당신의 주변을 바라보세요.
환하게 웃고 있는 행복을 발견할 수 있습니다.
치르치르와 미치르가 찾던 파랑새가

그들의 고향집에 있었던 것처럼

언제나 행복은 우리들 마음속에 살고 있답니다.

_문영, 〈행복을 찾는 바보에게 보내는 편지 2〉전문

이 책은 이탈리안 요리 화덕피자 레스토랑 뚜띠쿠치나가 짓고자 하는 '행복'에 관한 이야기입니다. 다만, 제 기록은 뚜띠쿠치나 온 가족을 대신한 것입니다. 이런 영광스러운 임무를 제게 맡긴, 또 남편으로서 가정의 든든한 버팀목이 되어준 김상목 대표이사님에게 감사드립니다.

뚜띠쿠치나 가족 여러분과 고객 여러분께도 감사드립니다. 그리고 이 책을 읽는 독자 여러분 모두 행복하시기 바랍니다.

단풍이 짙어가는 한가을에

이 현 미

5장 인생을 살아가는 데 필요한 것들 ————

이 책은
이탈리안 요리 화덕피자 레스토랑
뚜띠쿠치나가 짓고자 하는
'행복' 에 관한 이야기입니다.
다만, 저의 이야기는
뚜띠쿠치나 온가족을 대신한 것입니다.

1장

뚜띠쿠치나에서 밥을 먹는다는 것

여기는
'뚜띠 1번지' 입니다

경기도 고양시 덕양구 행신동 서정마을 2로 7번길 27-7, 여기가 바로 제가 꿈을 키워가고 있는 '뚜띠 1번지' 입니다.

이 지역은 행신동 가운데서도 가장 늦게 개발이 시작된 덕분에 아직도 '서정' 적인 마을 정취가 남아 있습니다. 마을 이름이 그 '서정抒情' 이냐고요? 물론 그런 건 아니지만 아파트와 빌딩 숲으로만 이루어진 주변 마을과는 사뭇 다른 정감이 있어요.

서정마을이 속한 행신동의 '행신' 이라는 지명의 유래가 재밌습니다. 300여 년 전에 청주 한씨 집안이 이곳에 못 자리를 쓰면서 후손들에게 "이곳에 주거하는 것을 다행幸으로 생각하고 서로 믿음信으로 살라" 는 뜻으로 '행신幸信' 이라 불렀다는군요. 행주동杏州洞 주변에 새로新 생긴 마을이라는 의미로 행신杏新이라 했다가 지금의 행신幸信으로 바뀌었다는 설도 있는데, 아무래도 이건 좀 억지 같지요.

이곳 서정書井마을은 오래 전부터 글書과 우물井로 유명한 곳입니다. 본래 고양군 지도읍에 속한 자연 촌락의 명칭으로, '서두물' 로 알려진 마을이에요. 영조 연간1755에 발간된 《고양군지高陽郡誌》에 "부근에 서재동書齋洞이 있는데, 이곳에 성재誠齋 민이승閔以升 선생이 서실書室을 세우고 후학을 가르쳤기 때문에 생긴 이름" 이라는 기록이 보입니다. 조선 숙종 대의 석학 김창협金昌協의 학우學友로 명성을 떨친 성재는 벼슬을 극구 마다하고 제자백가諸子百家 연구로 일생을 보낸 대학자라는군요.

서정서두물마을은 이 "서재동 입구의 으뜸頭 우물" 이란 뜻입니다. 서두물의 우물은 맛이 좋기로 워낙 유명해서 인근의 가라뫼 마을과 함께 도당제都堂祭, 대동제를 지낼 때 반드시 사용했다고 해요. 지금도 마을 내에 이 우물과 관련된 도당나무와 짚으로 만든 가리가 남아 있습니다. '서정마을' 은 이곳 개발지역 내에 남아 있는 유일한 향토 명칭으로, 역사성이 깊습니다.

이런 마을에 '뚜띠쿠치나' 피자가게를 열게 된 것은 행운이었어요. 2011년 4월에 소상공인시장진흥공단 지원 업체로 선정된 것이 결정적인 계기가 되었지요. 2011년 9월에 브랜드 론칭을 하고 본격적인 프랜차이즈 가맹 사업을 시작하게 된 것입니다.

우리는 이곳이 어찌나 마음에 들던지 피자가게를 열면서부터 이 거리를 뚜띠쿠치나 피자의 구수한 냄새가 감도는 '행복의 거리' 로 만들고 싶다는 생각이 들더군요. 그저 피자 가게 하나 잘해서 우리 식구 잘 먹고 살자는 게 아니라 이 골목에서 행복을 지어내 바이러스처럼 퍼뜨리고 싶다는, 남들이 보기엔 다소 엉뚱하다 싶을 소망이 생겼습니다.

그래서 지금 뚜띠쿠치나, 키친앤클럽, 프로메사브런치 스테이크 레스토랑 펍를 운영하면서 행복의 거리를 조금씩 만들어가고 있네요.

초여름이면 잔뜩 부풀어서 멀리까지 꽃씨를 날려보내는 민들레 알지요. 노래도 있잖아요. "어느새 내 마음 민들레 홀씨 되어 강바람 타고 훨훨 네 곁으로 간다." 그 홀씨가 멀리는 백 리나 간다고 하네요. 이곳 서정마을에서 뚜띠쿠치나가 피우는 행복 홀씨는 못해도 천 리는 갔으면 좋겠습니다.

'패밀리' 에
담은 뜻

말만 들어도 코끝이 시큰해지는 이름에는 뭐가 있을까요. 엄마. 그렇죠. 많은 사람들은 '엄마' 라는 이름만 들어도 눈물이 글썽해질 거예요. 내게는 '가족' 도 그런 이름입니다. 어려서나 성인이 돼서나 그만큼 가족사에 굴곡과 파란이 많다는 거죠. 그래서일까요, 행복해 보이는 가족만 보면 그렇게 부러운 거예요. 남편과 나는 늘 가족의 소중함을 품고 마음을 다졌습니다. 행복한 가족을 만들어 살겠다고요.

우리의 이런 마음은 자연히 뚜띠쿠치나의 콘셉트를 '패밀리 레스토랑' 으로 정하게 만들었습니다. 가족이 와서 행복하게 밥을 나누는 곳, 가족이 와서 밥을 나누면 행복해지는 곳이었으면 좋겠다는 생각을 했지요. 이탈리아어 뚜띠쿠치나의 '뚜띠' 는 "함께하는" 이라는 뜻이고, 쿠치나는 "요리"라는 뜻이에요. "함께하는 요리"라는 뜻이니 패밀리 레스토랑 콘셉트에도 딱 맞지 않나요.

행복이 어디 상품처럼 손에 쥐도록 따로 놓여 있겠어요. 행복은 진열장에서 찾을 수 있는 상품이 아니란 말이지요. 순간순간 타인과의 관계 속에서 만들어가야 하는 것이니까요. 파랑새는 저마다 마음속에 있는 것이지 다른 사람 어깨 위에 있지는 않잖아요. 내가 먼저 마음을 열고 다가가야 상대방이 마음을 열고 내게 다가서지 않을까요. 그 순간 행복의 파랑새가 힘차게 날아올라 내 마음에서 저 마음으로 건너가겠지요.

최근에 보게 된 TV 드라마 〈아름다운 세상〉에서 두 가족의 극명한 대비가 가슴을 먹먹하게 하면서 '가족'의 의미를 새삼 돌아보게 되었습니다.

무진과 인하의 아들 선호가 학교 옥상에서 추락하여 의식불명인 채로 병원에 누워 있습니다. 학교 측에서는 실족 사고로 처리해 서둘러 덮어버리려 하지만, 진표와 은주의 아들 준석이 주도한 집단 구타가 추락 직전에 벌어진 동영상이 나타납니다. 하지만 그저 장난이었다는 구타 가담 아이들의 증언과 가해 학생 부모들의 일방적인 주장에 따라 진실을 규명하려는 무진과 인하는 오히려 벼랑으로 내몰립니다. 진표와 은주 부부는 사건을 덮기 위해 수단을 가리지 않더군요. 사건을 자살 시도로 꾸민 은주는 친구인 인하에게 거짓말도 서슴지 않고, 어긋난 모성애로 무작정 준석을 감싸고돕니다. 준석은 죄책감에 시달리지만 진표는 그런 아들에게 잘못된 정당성을 사주합니다.

"네 잘못이 있다면 그런 거야. 최상부에서 태어난 리더라는 거. 리더는 대범해야 돼. 누가 뭐라던 그런 건 신경 쓸 거 없어. 작은 일에 일희일비하지 말고 앞만 보고 가. 네 앞길을 막는 게 있다면 그게 뭐든 아빠가 다 치워줄 테니까."

그러나 세상일이 어디 그런 사람들 뜻대로만 되던가요. 진실이 드러날 위기에 처하며 일이 점점 꼬여가자 진표와 은주는 서로를 비난합니다. 더구나 준석이 여학생을 성폭행한 의식불명인 선호에게 누명을 씌운 그 사건을 말합니다 녹음 파일까지 불거지자 은주는 이 증거도 없앱니다 진표는 은주에게 책임을 돌리며 저주를 퍼붓습니다.

"당신이 저질러놓은 일이야. 다시 한 번 말하는데 당신 때문에 내 인생까지 망치지 마. 당신은 이미 돌이킬 수 없는 짓을 저질렀어. 지옥에서 그냥 살아."

반면에 아들이 혼수 상태에 빠진 지옥 같은 상황에서도 무진은 무너져내리는 인하를 다독이면서 곁을 지탱합니다. 게다가 딸 수호는 성폭행 누명마저 쓴 오빠를 끝까지 믿어주고 엄마를 위로하더군요. 그렇게 가족은 서로를 지탱하며 진실을 정면으로 마주볼 용기를 얻습니다. 가족 덕분에 가까스로 다시 일어선 인하가 남편 무진에게 고마운 마음을 전하는데, 코끝이 시큰하더군요.

"내가 무슨 복에 당신 같은 남자를 만났을까. 두렵고 무서운 진실이 기다리고 있대도 도망가지 않고 마주볼게. 나 혼자가 아니어서, 당신이 함께여서 너무 고마워."

저는 이 드라마를 보면서 어떤 상황에서도 '가족'이 용기가 되고 최후의 희망이 될 수 있다는 사실을 새삼 느꼈습니다. 그런 '가족'들이 언제든 편하게 와서 행복을 짓고 행복을 나누는, 그리고 미처 누리지 못한 행복을 싸가는 패밀리 레스토랑 뚜띠쿠치나, 근사하지 않나요.

예전에야 식당이라면 그저 허기진 배를 채워주는 곳이었지요. 하지만 이제는 단순히 끼니를 때우는 데서 나아가 행복한 삶으로 연결되는 공간으로서 하나의 문화가 되었습니다. 사실 지금껏 그런 문화는 경제적으로 여유로운 사람들만 누리는 특권쯤으로 생각해온 점이 없지 않지요. 그래서 뚜띠쿠치나는 누구나 부담 없는 가격으로도 그런 문화를 즐길 수 있도록 하자는 마음에서 시작한 것입니다.

우리는 그저 피자만이 아니라 행복도 얹어 파는 가게를 만들고자 오늘도 활짝 문을 엽니다.

우리 안의
가족

우리에게는 세 '가족'이 있습니다.

하나는 나와 남편 그리고 아이와 부모 형제들입니다. 이 세상 가족의 기본 단위라고 할 수 있지요. 흔히 "피는 물보다 진하다"라고 "부부싸움은 칼로 물 베기"라고 하는데, 제가 보기엔 꼭 그렇지만도 않더군요. 제아무리 가족이라도 서로 만나 정을 나눠야, 어려울 때 서로 버팀목이 되어주어야 가족으로 의미가 있지 그렇지 않으면 남보다 못해요. 오히려 서로를 찌르는 비수가 될 수도 있습니다. 앞서 말한 진표-은주 부부처럼 말예요.

이런 가족은 그 관계를 짓는 길이 안으로 나 있어서 어쩌면 더욱 어려울 수도 있습니다. 물처럼 공기처럼 늘 그 안에 있으니 아무래도 좋을 것 같지만 오히려 그래서 더 깨지기 쉬운 예민한 관계일 수도 있지 않을까요.

다른 한 가족은 우리 레스토랑을 찾는 손님들입니다. 그들은 연인이나 친구끼리 오기도 하지만 많은 경우 가족끼리 와서 가족애를 나눕니다. '가족 사랑'을 지향하는 우리에게는 가족 중의 가족이라 할 수 있지요. 이들 가족이 있어서 뚜띠쿠치나가 존재하는 것이니 얼마나 고맙고 소중한 가족이에요. 그러니 우리 뚜띠쿠치나도 이들 가족에게 편안하고 행복한 장소가 되기를 바랍니다.

좋은 사람, 좋은 공간, 좋은 문화…. 왠지 여기만 오면 기분이 좋아지고 행운이 깃들 것만 같은 느낌이 들었으면 하는 거죠. 이런 가족은 그 관계를 짓는 길이 밖으로 나 있어서 거울처럼 훤히 드러나 보입니다. 그러니 한시도 방심하거나 소홀할 수 없는 가족입니다.

끝으로 또 한 가족이 있습니다. 여기서 말하려는 바로 그 가족이에요. 뚜띠쿠치나 본사와 직영점 임직원 30여 명, 프랜차이즈 12개 가맹점의 대표와 직원들이 또 한 가족을 이룹니다. 더불어 꿈을 꾸는 가족이니, 이 가족 없이는 어디 제 꿈인들 있겠어요. 그래서 이들 가족은 모두 신뢰와 협력, 그리고 상생의 관계로 맺어져 있습니다.

우리 뚜띠쿠치나 프랜차이즈는 본사 차원에서 새로운 가맹점이 '어떻게 하면 조금이라도 적은 부담으로 시작하게 할 수 있을까',

고민하고 연구하고 지원합니다. 그리고 그 시작이 얼마나 타당한지, 입지나 인적 구성 등을 보아 성공 가능성은 얼마나 되는지, 개선점은 무언지 면밀히 분석하여 제안서를 내놓습니다. 그런 사전 작업을 통해 일단 시작하게 되면 안정적인 수익 구조를 이룰 때까지 적극적으로 협력하고 지원을 아끼지 않습니다.

그래서일까요. 뚜띠쿠치나는 아직 작지만 해마다 조금씩 성장하고 있습니다. 본사에서 개발한 교육 프로그램과 매장 및 품질 관리 매뉴얼, 신 메뉴 창안 시스템 덕분이겠지만 또 하나 우리 가족만을 위한 특별한 과정이 있습니다. 사람 공부와 상생의 인문정신을 공유하는 것입니다. 우리가 파는 것은 음식이지만 이것을 만드는 것은 사람이고 또 그것을 팔기 위해 사람을 상대해야 하므로 사람 공부를 빼놓을 수 없지요. 직원들이나 다른 가족들, 주위 사람들에게도 적극 권장하고 있는 인문학 공부 과정인데, 물론 본사 대표님과 저도 일찍이 그 과정을 이수했습니다. 기업의 사명과 가치관을 공유하기 위한 최소한의 조건이지요.

교육 내용을 말하자면, 자기 자신이 누구인지 알아가는 법, 또 행복하게 사는 법이 무엇인지 알아가는 거예요. 지금껏 시선을 밖으로만 향했다면 자기 안을 응시하는 겁니다. 문제의 원인을 밖에서만 찾아 하늘을 원망하고 남을 탓했다면 자기한테 문제는 없는지 들여다보는 거예요. 살다가 잃어버린 길을 다시 찾아가는 과정이 바로 인문학 공부입니다. 큰 지혜는 하나로 통하는 걸까요. 한 시인이 짧은 시 한 편에 그걸 다 담아놓았더군요.

산속에서 길을 잃어보지 않은 사람은 모르리라
터덜거리며 걸어간 길 끝에
멀리서 밝혀오는 불빛의 따뜻함을

막무가내의 어둠속에서
누군가 맞잡을 손이 있다는 것은
인간에 대한 얼마나 새로운 발견인지

산속에서 밤을 맞아본 사람은 알리라
그 산에 갇힌 작은 지붕들이
거대한 산줄기보다
얼마나 큰 힘으로 어깨를 감싸주는지

먼 곳의 불빛은
나그네를 쉬게 하는 것이 아니라
계속 걸어갈 수 있게 해준다는 것을

_나희덕, 〈산속에서〉전문

아직
갈 길이 멀지만

　우리는 아직 갈 길이 멀지만, 돌아보니 이미 많은 걸 이뤘습니다. 어찌 감사하지 않겠어요. 이탈리안 요리 화덕피자 레스토랑 뚜띠쿠치나 프랜차이즈로 출발한 지 8년째, '함께'라는 가치를 공유하고 한 가족이 된 가맹점만도 십 수 개에 이릅니다. 다른 프랜차이즈에 비하면 턱없이 적다고요? 물론 그래요. 하지만 개수가 중요한가요? 함께 성장하고 함께 행복한 가맹점을 지향하느라 그리 더딘 것이니, 오히려 대단한 자랑이고 자부심이에요.

　어느 김치찌개 전문 식당에 갔더니 "우리는 고기를 아끼면 망한다!"는 문구를 크게 써 붙여 놨더군요. 과연 어느 식당보다 고기가 푸짐했어요. 당연히 손님도 줄을 설 정도로 많았고요. 우리 뚜띠쿠치나도 애초부터 재료비를 아끼지 않는 고객 중심의 서비스를 실천하고 있지요. 특히 피자는 원가 대비 재료 투자 비용이 많습니다. 그만큼 좋은 재료를 아낌없이 쓴다는 겁니다. 더불어 획기적인 조리법, 개방형 주방 시스템을 채택하여 점포 운영의 효율성을 극대화하고, 특히 직원 교육과 복지에 크게 공을 들이고 있습니다.

사실 우리나라 외식업종에 종사하는 직원들의 근무 환경은 아주 열악합니다. 개업해서 실패하는 가장 많은 이유도 직원 때문이기도 해요. 그러니 성공하는 데는 결국 직원이 가장 큰 자산인데, 대부분의 사장님들이 이 점을 간과해요. 우리는 초기에 오히려 직원 육성에 대한 의욕이 지나쳐서 마음고생이 심했습니다. 저는 지난해〈창업&프랜차이즈〉지와의 인터뷰에서도 직원이 잘해야 회사도 성공한다는 점을 강조했습니다.

"현재 직원들의 삶이 개선될 수 있도록 바라보는 관점이 필요해요. 경영자 입장에서 주관적인 생각은 배제하고 함께 일하는 직원이 원하는 바가 무엇인지 진정으로 고민해보는 것이 중요합니다. 회사 성장의 원동력은 결국 직원에게서 나오는 것이니까요."

사실 우리 회사도 오늘날 여기까지 오기까지는 많은 도움을 받았습니다. 앞에서도 언급한 대로 소상공인시장진흥공단 지원 업체로 선정되어 프랜차이즈 콘셉트, 브랜드 디자인, 운영 시스템 등 사업 전반에 걸쳐 컨설팅을 받았지요. 그런 지원과 도움을 바탕으로 매뉴얼을 재정비하고 이탈리아 요리의 맛을 완벽하게 재현하는 데 공력을 들였습니다.

무엇보다 부담 없이 즐길 수 있는 합리적인 가격에 맛과 양 그리고 영양이라는 세 마리 토끼를 잡을 수 있는 메뉴 개발에 심혈을 기울였지요. 또 어느 점포에서 조리하더라도 동일한 맛을 유지할 수 있는 조리법을 정비하고 계절별로 신선한 별미를 개발하는 데에도 소홀하지 않았습니다.

아직 가맹점 수가 많진 않아도 뚜띠쿠치나가 꾸준히 성장할 수 있었던 데는 물론 전사적 교육 시스템 덕이 가장 크지만 저마다 처한 조건과 상황에 따른 탄력적인 운용 방식도 크게 작용했습니다. 각 가맹점이 처한 사업 환경과 고객 구성 특성에 따라 메뉴 구성과 가격, 홍보, 마케팅 등의 정책을 탄력적으로 시행한 것입니다. 모든 문제를 본사의 획일화된 시각으로 보지 않고 각 가맹점의 다양한 시각으로 본 거예요.

그래서 본사에서는 격월로 가맹점 전체 점주들이 모여 회의를 합니다. 그 회의는 결코 형식에 그치지 않아요. 치열한 논의가 일어나는데, 각 점주들의 의견을 경청하고 공유하여 본사 정책에 적극적으로 반영합니다. 두 달마다 전체 시스템이 수정되고 보완되는 혁신이 일어나는 셈이에요.

우리는 이미 이룬 것에도 충분히 감사하며 또 "행복한"하루를 위해 가게 문을 열지만 수백, 수천개의 가맹점을 구축한 프랜차이즈 대기업들이 보면 우스울 거예요. 하지만 속내를 까보면 그런 대기업들이 과연 마냥 웃을 수만 있을까요.

"작은 고추가 맵다"는 말이 괜히 나왔겠어요. 성경에도 "네가 처음엔 보잘것없겠지만 나중엔 번창할 것"이라고 했잖아요. 행복은 겉멋이나 크기에서 나오는 건 아니잖아요.

보세요. 시인은 아무것도 없는데 행복이 너무 많아 겁난다네요. 더 많이, 더 크게 가질수록 행복이 더 많아진다는 뜻은 아녜요. 아, 선현들이 일찍이 답을 내놓았더군요. 가진 것과는 상관없이 욕심이 클수록 행복은 작아진다고.

행복이 너무 많아서 겁이 난다
사랑하는 동안
행복이 폭설처럼 쏟아져서 겁이 난다

강둑이 무너지고 물길이
하늘 끝닿은 홍수 속에서도
우리만 햇빛을 얻어 겁이 난다

겉으로 보아서는

아무것도 없는 너와 난데

사랑하는 동안에는

행복이 너무 많아 겁이 난다

_ 이생진, 〈너무 많은 행복〉

천천히
그리고 행복하게

우리도 한때는 목표를 거창하게 세웠습니다. '언제까지 직영점 20개, 가맹점 200개' 하는 식으로요. 저도 개인적으로 '언제까지 연봉 얼마, 사옥 마련, 자산 얼마' 하는 식으로 규모를 가지고 목표를 세웠지요. 그러나 이젠 그런 것은 다 내려놓았습니다.

그 대신 작고 느리더라도 행복하게 가기로 했어요. 뚜띠쿠치나는 8년에 걸쳐 검증 작업을 했고, 이제야 비로소 확신을 갖게 되었습니다. 성장이 빠른 프랜차이즈는 한 달이면 가맹점을 10여 개씩도 개설하더군요. 그만큼은 못하더라도 프랜차이즈라고 하면 가맹점이 수백 개, 적어도 100개는 되잖아요. 하지만 그러면 뭐해요. 우리나라 전체 통계를 내보니 살아남는 가맹점이 100개 중 12.5개에 불과하대요. 생존율이 13퍼센트도 안 되니, 거의 본사만 배불리고 대부분 망해서 손 털고 나가는데 그런 프랜차이즈의 가맹점이 1,000개, 1만 개인들 무슨 자랑거리가 되겠습니까. 거기에 무슨 행복이 있겠느냐고요.

우리는 그래서 몸집 불리기 식 무분별한 매장 확대를 지양하고, 가맹점주의 사업 마인드와 가치관에 초점을 맞추고 동반자적 파트너십이 가능해야만 한 가족으로 받아들이는 정책을 고수해오고 있습니다.

가맹점에게 본사가 요구하는 인문학적 가치를 공유하고 지킬 것을 요구하는 대신 본사는 가맹점에게 성공에 대한 확신을 주어야 하고, 또 실제로 성공시켜야 하는 현실적 책무를 안고 있습니다.

그래서 우리는 맛과 양 그리고 영양이라는 세 마리 토끼를 잡되, 부담 없는 가격으로 서비스하기 위해 비용을 최소화하는 운용 시스템 구축에 사운을 걸고 매진해온 겁니다. 고품질 합리적 가격 실현을 위해 운영의 효율화에 매달렸다는 얘기죠. 구체적으로는 손쉬운 조리법, 셀프 서비스, 클린 오픈 주방 시스템 같은 것이에요. 이를 통해 매장 내 인력을 최소화할 수 있어서 점주들의 가장 큰 고민인 인력 채용과 인건비 부담을 줄이는 데 힘을 쏟고 있지요.

이것만으로는 행복하게 오래 함께 가기에는 부족해요. 우리가 대형 프랜차이즈 기업들에 비해 강점을 가진 게 바로 상생을 위해 특화된 교육 시스템입니다. 적극적이고 체계적인 교육 투자로 품질을 유지하고 향상시키는 한편 브랜드 가치를 높여가고 있지요. 앞에서도 얘기했듯이 가맹점들과의 상시 소통 채널과 격월로 열리는 전체 회의에서 수렴한 의견을 본사 운영 정책 수립에 적극 반영하는 것은 물론이고요.

그렇다고 우리의 시선이 안으로만 쏠린 것은 아닙니다. 밖으로도 열려 있지요. 지역 주민들과도 소통하고 행복을 나누기 위해 인재를 양성하는 도제 프로그램을 운영하고 있습니다. 잉글리시키즈반과 주부취미반으로 나뉘어 말로 하지 않고 이탈리아 요리를 함께 배우면서 요리하는 즐거움도 맛보고 가족의 소중함도 느끼는 것입니다. 그런가 하면 고양조리고등학교와 협력 파트너십을 맺어 학생들의 실습과 취업에 도움을 주고 있기도 합니다.

뚜띠쿠치나는 장차 외식업 학교를 설립하겠다는 꿈을 갖고 있습니다. 여기에서는 기술과 지식만 가르치는 게 아니라 인성人性 수양도 중요하게 다룰 것입니다. 어떤 삶이든 능력과 함께 인성도 풍부해져 균형을 이뤄야 행복하지 않겠어요.

이렇게 우리는 겉보기에 현혹되지 않고 천천히 그리고 행복하게 뚜벅뚜벅 내면의 길을 갑니다. 우리 눈眼을 위해서가 아니라 배服를 위해서 우리가 할 수 있는 일을 하려 합니다. 우리의 이런 생각에

노자老子 **선생이 길을 잡아줍니다.**

온갖 색깔이 사람 눈을 멀게 하고

온갖 소리가 사람 귀를 먹게 하고

온갖 맛이 사람 입을 상하게 하고

사냥질로 이리저리 뛰어다니는 것이 사람 마음을 미치게 하고

얻기 힘든 보화가 사람 걸음을 비틀거리게 한다.

하여 성인은 배를 위하고 눈을 위하지 않는다.

그래서 저것을 버리고 이것을 취한다.

_《도덕경》, 12장(이현주 풀이)

초여름이면 잔뜩 부풀어서

멀리까지 꽃씨를 날려 보내는 민들레 알지요.

노래도 있잖아요.

"어느새 내 마음 민들레 홀씨 되어

강바람 타고 훨훨 네 곁으로 간다."

그 홀씨가 멀리는

백 리나 간다고 하네요.

이곳 서정마을에서

뚜띠쿠치나가 피우는 행복 홀씨는

못해도 천 리는 갔으면 좋겠습니다.

2장

나를 바꾼, 금산에서의 며칠

앞만 보고 달려온
숨찬 세월

뚜띠쿠치나의 대표 메뉴인 이탈리안 화덕 피자는 밥으로 치면 아궁이에 불을 때서 짓는 가마솥 밥 같은 겁니다. 피자는 오븐에서는 4~5분을 굽지만 화덕에서는 1분 30초만 굽습니다. 그래야 적당한 수분을 유지합니다. 그래서 화덕 피자가 더 맛있는 거예요.

이런 건 피자에 관한 기초 상식에 속하지만 피자 가게를 운영하기 전에는 제가 이런 것을 어찌 알았겠어요. 하지만 일단 시작하면 앞만 보고 가는 성격이라서 피자는 물론 여러 이탈리안 음식을 직접 파고들었습니다. 책만 본 게 아니고 잘한다는 데는 다 찾아다니면서 요리 강습도 듣고 직접조리해 보면서 그야말로 도사가 될 때까지 파고들었지요. 나중에는 유럽 여행을 통해 그곳 문화를 경험하고 요리 공부도 했습니다.

이번뿐이 아니고 전에도 이렇게 무슨 일이든 시작하면 물불 가리지 않고 몰두했습니다. 저는 하루라도 빨리 집을 벗어나고 싶은 생각이 간절한 나머지 스물한 살에 결혼을 해서 집을 나왔습니다. 뒤늦게 실업계 야간고등학교를 졸업하고 나서 바로 결혼한 거죠. 그러나 생계가 여의치 않아 이런 저런 일을 하다가 스물세 살 때부터 보험회사에서 일했습니다.

1997년일 거예요. 이때도 억척같았죠. 이윽고 개척 영업의 왕이 되었지요. 한 10년 가까이 되니까 능력을 높이 샀는지 서른두 살에 본사 고객센터로 이동을 시키더군요. 그때 2년간의 고객센터 경험이 나중에 서비스업을 하는 데 큰 도움이 되었습니다. 이때부터 성공에 대한 열망이 대단했지요.

그 무렵에는 이미 결혼에 한 번 실패한 후 새로운 가정을 꾸려 안정된 생활을 하고 있었습니다. 거기에 힘을 얻었는지 나는 스물아홉 살에 보험 세일즈 왕이 되고부터는 승승장구했습니다. 그런데 본사 고객센터에서 2년을 근무했지만 현장 체질인 탓에 저는 다시 세일즈 일선으로 돌아갔습니다. 그러나 2년의 공백은 생각보다 커서 여의치가 않아 고민에 빠졌습니다.

저는 서른넷에 보험회사를 그만두고 남편과 의논하여 여의도에 일식집을 차렸습니다. 첫 장사는 성업을 이뤄서 수입이 쏠쏠했습니다. 낮밤이 바뀌는 줄도 모를 만큼 열심히 일했죠. 그렇게 4년을 잘 했는데, 토요일이 휴무가 되어서 주말 영업이 전혀 되지 않아 한계 에 봉착했어요.

그래서 좀 고민하다가 일식집을 유지하면서 그 가까운 곳에 '레 드 클럽' 이라는 피부 관리 숍을 열었습니다. 그야말로 돈 버는 재 미가 들렸어요. 그때도 돈 쓸 일이 없어 돈을 번다고 할 만큼 일에 미쳤습니다. 자본이 어느 정도 모이고 사업도 날로 번창하면서 저 는 기고만장했어요. 외골수의 독단적인 성격인 데다가 교만해지 기까지 한 거죠.

이때 제가 크게 잘못한 것이 하나 있습니다. 하나 있는 아이를 '알아서 잘 크겠거니' 하고, 방치하다시피 한 것입니다. 아이는 한 창 엄마 손길이 필요한 시기에 늘 바쁜 엄마를 기다리는 것을 일삼 아 자랐으니, 지금도 그 생각만 하면 가슴이 미어져요.

초등학생 아이가 가게로 전화라도 하면 바쁜데 전화한다고 야단 을 쳤으니, 세상에 그런 엄마가 어디 있어요, 그래. 아이는 급기야 불안 증세로 인해 치료까지 받아야 했습니다. 장사가 뭐라고, 참 몹 쓸 엄마였죠.

그런 아이가 모든 걸 이겨내고 잘 자라서 서른이 된 지금은 의류 쇼핑몰을 운영하며 행복하게 살고 있으니, 고맙기 그지없지요. 그

걸로 죄책감을 털어내고 싶은 엄마의 이기심이지만요.

그렇다고 장사가 마냥 잘 풀린 것만은 아니었습니다. 좀 편하게 장사를 해볼 요량으로 일식집과 피부 관리 숍을 정리하고서 2007년 말에 상암동에 10억 원을 들여 당시엔 생소한 와인 레스토랑을 열었습니다. 그전에 일선에서 뛰던 때와는 달리 폼을 좀 잡은 것인데, 기대와는 영 딴판으로 영업이 시원치 않았어요. 적자였죠.

저는 다시 운동화 끈을 질끈 동여매고 일선에서 뛰었습니다. 그렇게 천신만고 끝에 가게를 회생시켜 운영하면서 쌓은 경험과 노하우를 살려 이곳 행신동 서정마을에 뚜띠쿠치나를 연 것입니다.

가게는 오가다 우연히 들르는 손님은 기대할 수 없는 깊숙한 골목에 자리하고 있어서 특별해야 했어요. 그래야 입소문이 나지 않겠어요. 그래서 먼저 고객의 욕구를 파악했습니다.

사람들이 파스타나 화덕 피자 같은 이탈리안 요리를 즐기고 싶지만 대개는 가격 부담이 커서 망설인다는 사실을 알았지요. 특히 가족 단위로는 부담이 더욱 커서 엄두도 내지 못하는 겁니다. 그래서 '우리가 패러다임을 바꿔놓자', 생각한 거예요. 이탈리안 요리도 누구나 편안하게 부담 없이 즐길 수 있다는 인식을 갖도록 메뉴를 구성했습니다.

그런 마음이 잘 전달되었는지 가게는 오픈하자마자 고객이 줄을

섰습니다. '고생 끝에 결실을 보는구나', 하는 생각에 의기양양했습니다. 한껏 고무된 저는 가족은 뒷전인 채, 점점 앞만 보고 달리게 되었습니다. 매장 수를 늘릴 궁리를 하고, 사옥을 마련할 셈도 하고……. 그렇게 숫자로 환산되는 욕망으로 가득한 삶을 살게 된 겁니다. 그땐 제가 어떤 모습이었는지 까맣게 몰랐지요.

고등학생 때부터 돈을 벌기 시작해 마흔을 넘긴 무렵에 저는 내가 목표로 한 것, 내가 꿈꾼 것을 원하는 시기에 이루었기 때문에 '숫자로 사는 삶'의 정점에서 한껏 부풀어 있었어요.

이때 재테크, 자기계발 관련 책을 닥치는 대로 읽었는데, 그 부작용도 만만치 않았어요. 투자해놓은 자산들의 가치가 날개라도 달린 듯 날아오르고 사옥까지 마련하면서 곧 재벌이라도 될 것 같은 착각에 빠져 제정신이 아니었습니다.

호사다마好事多魔라더니, 이렇게 재운財運이 트인 반면에 가족 관계가 꼬이기 시작했어요. 특히 남편과의 긴장과 갈등은 날로 심각해져갔습니다. 그땐 미처 몰랐지만 숫자에 미쳐 사느라 가족을 돌보지 못한 제 잘못이 컸지요.

그렇게 몇년을 겨우 살아내고 있는데 어느 날 제게 구원의 손길이 미쳤습니다. 지금 생각하면 제 인생 최고의 행운이에요. 남편의 소개로 금산에 있는 '인생학교'에 인생 공부를 하러 가서 아침햇살

님을 만난 겁니다.

앞만 보고 숨차게 달려온 제 인생을, 숫자로만 살아온 제 인생을 차분히 돌아보며 '정말 소중한 것이 무엇인지', '어떻게 살아야 나를 사랑하는 인생인지'를 깨달은 며칠을 보내고 나서 저는 스스로도 놀랄 만큼 다른 사람이 되어 돌아왔어요.

마주보자
비로소 열리는 마음

2016년 무렵의 내 다이어리에는 "죽을 것 같아요, 사람 때문에 힘들어서…"라는 메모가 여러 군데 남아 있습니다.

이듬해 10월, 남편과 나는 충남 금산 대둔산 자락에 있는 "삶을 예술로 바꾼 사람들"을 길러내는 'ALP삶의질향상센터' 자리에 앉아 있습니다. ALP는 "Art of Life Program삶을 예술로 가꾸는 프로그램"의 준말입니다. ALP는 '깨어나기' 과정, '알아차리기' 과정, '살아가기' 과정, '통합이론' 과정의 정규 과정과 함께 다양한 프로그램을 운영하고 있더군요. 모든 과정은 오롯이 본래의 자기를 찾는 과정입니다. 참석자들은 본명이 아니라 '새벽, 봄비, 새싹, 목련' 같은 'ALP 이름'을 정하여 사용합니다. 가령, 우리를 이끄는 장길섭 님은 '아침햇살'로 불립니다. '깨어나기' 과정3박4일의 첫 만남에서 아침햇살님이 이야기 하나를 들려줍니다.

할아버지 한 분이 집을 짓고 삽니다. 그분에 대해 아는 것도 없고 소문만 무성합니다. 그분이 산 입구에 집을 지어서 마을 사람들은 나무를 하러 올라갈 때마다 마주칩니다.

어느 날 나무꾼 젊은이가 할아버지를 무척 궁금하게 여겨 차 한 잔을 나눕니다. 할아버지는 나무꾼 노릇이 얼마나 되느냐고 묻습니다. 그러자 매일 15년째 나무를 하고 있다고 대답합니다. 그러자 할아버지는 나무 하는 곳에서 한 골짜기만 더 들어가 보면 구리가 난다고 알려줍니다. 구리를 캐면 나무를 할 필요가 없다는 것입니다.

그러자 젊은이는 의심과 두려움이 있었지만 다음 날 한 골짜기 더 들어가 봅니다. 거기에는 정말로 구리가 있었습니다. 젊은이가 3년간 구리만 캐고 있자 할아버지가 다시 불러서 한 골짜기만 더 들어가면 은이 나는데 어찌 구리만 캐고 있느냐고 나무랍니다. 그렇게 한 골짜기를 더 들어가니 정말로 은이 나오고, 또 한 골짜기를 더 들어가니 금이 나오고, 마지막에는 다이아몬드가 나옵니다.

젊은이는 그런 보석을 남에게 알려만 주고 자기는 거들떠보지도 않는 할아버지의 심산이 궁금해서 묻습니다. 그러자 할아버지가 대답합니다.

"나는 머리에서 떠나 가슴으로 오는 여행을 하고 있다. 출발하다 죽는 사람, 정말 도착하는 사람, 중간쯤 오다 죽는 사람이 있다. 두려움과 무지로 걱정과 불안에 사로잡히게 된다." 구경꾼으로 남지 말고 자기가 변화하는 것을 보라는 것이었습니다.

첫날밤을 보내고 아침에 일어나면서부터 모든 게 달라집니다. 이렇게 하루를 엽니다.

"하하하. 오늘은 내 생애 처음 있는 날입니다. 오늘은 오늘뿐입니다." 그러고 나서 다시 "베개님, 고맙습니다. 이불님 고맙습니다" 감사의 인사를 드립니다.

처음이라 어색했지만 곧 익숙해졌습니다. 그러니 저절로 기분이 좋아지고 환한 웃음을 가진 제 자신이 보였습니다. 아침햇살님이 "너의 얼굴은 누구 것이냐?"고 묻습니다. "내 얼굴은 나를 바라보는 사람의 것" 이라는 놀라운 사실, 그때서야 깨닫습니다.

아침식사를 할 때도 온 마음을 다 기울입니다. 식사를 마치고 '깨어나기' 수련 신청서를 작성합니다. 신청서를 작성하고 나눔의 방에 모여서 전체 프로그램 소개를 듣습니다. 깨어난다는 것은 찰나를 이해하는 것이고, 진정한 나를 찾아 떠나는 것을 의미한다고 합니다.

이윽고 자기 소개 시간입니다. 서로 마주보고 눈을 마주친 10여 초, 참 어색합니다. 시선을 피하고 싶습니다. '아, 나는 이제껏 다른 사람의 눈을 진정으로 바라본 적이 없었구나', 하는 깨달음에 얼굴이 화끈거립니다.

이렇게 몰랐던 나 자신을 알아갑니다. '다른 사람을, 나아가 사물을 진정으로 대해본 적이 언제인가', 싶습니다. 나무를 볼 때도 크기와 생김새로만 판단했지 한 번도 살아있는 존재라는 생각으로 대해본 적이 없습니다. 나무 앞에서 "나무님~"이라고 부르며 나무만 바라보고 느낌을 말하는 시간, 참 어색합니다. 진정으로 보는 것이 참 어렵습니다.

이렇게 마주보자 비로소 보이기 시작합니다. 나도 보이고 상대방도 보입니다. 그러고 보니 가장 가까운 존재인 남편도 오래 마주보지 못했습니다. 문제는 그래서 생긴 거예요. 그 생각이 들자 문득 남편과 아이에게 미안하고, 나 자신에게 짠한 마음이 들었습니다.

이 수련이 끝나는 즈음에 편지를 쓰는 시간이 있는데, 나는 남편에게 진심으로 미안하고 사랑한다는 편지를 썼습니다. 편지를 쓰는 내내 눈물이 주체를 못하도록 줄줄 흘러요. 나는 그렇게 비로소 남편을 마주보게 되면서 사랑을 다시 찾았습니다. 마주보면 진심을 나누게 되더군요. 서로 눈을 들여다보게 되잖아요.

'지금 여기'를
느끼며 사는 법

아침햇살 님이 '생각'으로 살지 말고 '지금 여기'의 느낌으로 살라고 하는데, 정신이 번쩍 드는 겁니다. '지금 여기'는 영어로 'now here'인데, 한자로는 '시방세계時方世界'라는군요. '지금 여기'를 살지 못하면 'now here'가 'no where'가 되어 나는 아무데도 없게 된다는 거예요. '생각'으로 살지 말란 말은, 생각은 과거이기 때문이라는 것입니다. 가만 생각해보니 과연 그러데요. 과거의 어떤 기억이 생각을 짓고, 사람이 그 생각에 붙들리면 과거에 붙들려 있느라 '지금 여기'의 행복을 느낄 수 없다는, 그 당연한 이치를 왜 이제야 깨닫게 되는지……. 참, 세상 헛살았다 싶더군요.

'지금 여기'를 느끼며 사는 방법은 의외로 간단하더군요. 생각만 하지 말고 바로 행동하라는 것입니다. 진정으로 사랑한다면 사랑한다는 말만 하지 말고 몸소 사랑을 하라는 겁니다. 나의 구체적인 삶은 몸이 살아내는 것이지 생각이 대신 살아주지 않는다는 거예요. 가령, 수영에 대해서 아무리 연구해도 수영을 배우는 길은 하나뿐, 즉 물속으로 들어가는 것입니다. 그래서 불경이나 성경도 방관자가 아닌 동참자로 읽어야 한다는 겁니다. 가령, 성경에 나오는 사람들을 나로 읽을 때 성경은 바로 영생이 있음을 가르쳐주는 책이 된다는 것이지요.

'지금 여기'를 살지 못하는 사람들은 문제 해결을 항상 뒤로 미루고 행복마저도 뒤로 미루고 있다고 해요. 그렇게 미룬 곳이 바로 '천국'인데, 그런 천국은 없다는 겁니다. '살아서도 가지 못하는 천국을 하물며 어떻게 죽어서 갈 수 있겠는가', 하는 거예요. "공기가 이렇게 있듯이 천국도 늘 우리 가까이" 있는데 어째서 천국을 멀리서만 찾느냐는 거죠.

그런데 기존의 기독교 교단에서는 이런 얘기를 무척 싫어해요. 그동안 자기들이 해온 거짓말이 들통 나고 권위가 무너지게 생긴 겁니다. 사실 아침햇살 님의 얘기는 성경과 예수님 말씀을 충실히 따른 것인데도 말예요. 앞에서 한 얘기도 예수님의 가르침에 따라 살라는 거거든요. 그런데 참 이상하죠. 뭐가 잘못되었을까요. 정통으로 행세해온 거대 교단들이 그동안 신자들의 눈을 멀게 하고 귀를 먹게 한 거예요. 그런 토대 위에 웅장한 우상을 지어놓고 이것이 바로 하나님의 나라이니, 심지어는 목사가 하나님의 대리인이니 무조건 따르라고 협박해온 것입니다.

나는 '깨어나기' 과정을 통해 황홀하고 기쁜 느낌을 알았습니다. 끝없는 질문을 통해 '내가 왜 화가 날 일인지, 그것이 사실이 아니라 내 생각을 지배받아 나타난 일' 이라는 것도 알았습니다. 화가 나는 일을 있는 그대로 받아들인 채 내 생각만 바꾸면 화가 날 일도 아닌데, 색안경을 낀 채 세상을 바라본 것입니다. 이제는 그 색안경을 벗고 사실 그대로 받아들여야지요. 내가 화를 내면 언젠가 화로 돌아온다는 것을 알았습니다. 기쁨, 웃음, 나눔도 베풀면 그만큼 기분 좋게 돌아온다는 것도요.

'명사가 아니라 동사로 살라' 는 말씀, '그래야 진실로 삶' 이라는 말씀, 가슴 깊이 스몄습니다. 깨달음은 행동함으로써만 유지된다는 거예요. 고체에서 액체가 되기 위해서는 85cal, 즉 85배의 힘이 필요하답니다. 99도에서 100도가 되기 위해서는 540배의 힘이 필요하답니다. 변화할 때는 그만큼 안간힘이 필요하다는 말입니다.

깨어나기, 그것은 삶에서 가장 아름다운 예술입니다. 깨어나면 내가 그것들을 마음대로 하지만 깨어나지 못하면 그것들이 나를 마음대로 합니다. 나는 결심합니다. 내 자신을 사랑하고 삶을 예술로 사는 사람이 되겠다고 말입니다.

ALP에서 가장 기본이 되는 영성은 진지밥먹기와 사람됨의 첫째 걸음이라고 하는 청소하기와 둘째 걸음인 설거지하기였습니다. 식사食事란 먹는 일노동이요, 진지眞知란 '어른의 밥'을 이르는 순우리말로 '참된 앎'을 뜻합니다. 밥의 의미를 알고 잘 먹고 치우고 청소하는 것이 기본 영성이라는 겁니다. 잘 듣고 잘 보고 소리 내어 알리며 하다 보니, 나 자신이 참 풍성한 존재라는 것을 알겠더군요. 아침햇살 님의 '깨어남'에 관한 이야기는 꽤 재미가 있어 나누고 싶군요.

무엇으로 깨어납니까? 바로 본성이지요. 내게 없는 것을 밖에 나가서 구하는 게 아니라 본성을 되찾으면 됩니다.

어느 날 모세가 하나님에게 면담을 신청했습니다. 모세 얼굴이 참으로 우울해 보이기에 하나님이 묻지요.

"자네 왜 그렇게 우울한가?" 모세가 대답합니다.

"당신이 말씀한 그대로 쓴 성경을 사람들이 제멋대로 바꾸고 있습니다. 그들이 말하는 것을 들으면 제가 쓴 것인데도 무슨 말을 하는지 통 못 알아듣겠습니다."

모세를 다독여 내보낸 다음 하나님께서 옆에 앉은 비서에게 뭐라고 하셨게요?

"실은 나도 잘 모르겠는데."

이 말은 뭐예요? 의식 수준과 표현 방법이 시대에 따라 달라지니 해석도 달라질 수밖에 없다는 겁니다.

예로부터 우리나라에서는 머리와 가슴과 배, 이성과 감성과 행동, 지혜와 사랑과 힘이 통합된 원만함을 이상理想으로 강조했어요. 사람이 불행한 이유가 뭘까요? 머리와 가슴과 배가 통합이 안 되어서 그래요.

우리가 흔히 머리 빈 사람을 가리켜서 '골볐다' 고 하죠. 골은 제일 높은 곳을 뜻해요. 그러니까 '골이 벘다' 는 건 '제일 높은 게 비었다' 는 거죠. 한의학에서는 또한 인간의 신체에서 제일 높은 곳에 위치한 혈을 '백회' 라고 하는데, 골이 벘으면 하늘의 기운을 받겠어요, 못 받겠어요?

못 받지요. 하늘에서 받아야 할 것을 땅의 기운으로 충당하려 하니 타락하는 겁니다.

아, 인생이
이토록 맛있다니

'인생의 참맛을 알면 그 인생이 참 맛있다'고 합니다. 얼핏 말장난 같지만 웃을 일이 아닙니다. 저야 앞만 보고 달려오느라 인생의 참맛을 느낄 겨를이 없었습니다. 다행인 것은 늦게나마 아침햇살 님을 만나 맛있는 인생을 살고 싶어졌다는 것, 그런 인생을 어떻게 살아야 하는지 눈을 떴다는 것입니다.

저는 아직 참 맛있는 인생을 살아보지 못했으니, 새롭게 맛있게 태어난 한 인생을 아침햇살 님이 소개한 글을 소개하는 것으로 대신합니다.

우리가 살고 있는 이 지구 행성에는 색깔이 있다는 겁니다. 그 뿐만 아니라 소리도 있고 모양도 있고 냄새도 있습니다. 그 어느 행성에도 없는 이 수많은 색깔과 소리, 모양, 냄새⋯⋯. 색깔이 없는 이

지구행성, 소리가 없는 이 지구 행성, 냄새가 없는 이 지구 행성을 생각해보라는 것인데, 정말 그렇다면 그건 끔찍한 재앙이지 않습니까?

아침햇살 님이 소개한 50대 초반의 이 남자는 공무원으로 한 직장에서 평생을 살아왔습니다. 아주 성실하게 살았어요. 술 담배는 아예 배우지도 않았고 일과 교회, 가정에 충실하고 지역사회에 봉사하는 일로 살아온 그 남자는 아침햇살 님이 인도하는 집단 훈련에 참여합니다. 그는 숨기고 싶은 가장 부끄러운 이야기를 시작하는 것으로 수련에 임합니다. 그동안 그렇게 무시하고 살았던 감성들을 만나줍니다. 어색하고 부끄럽기만 한 춤을 쉰이 넘어서 만납니다. 눌러두었던 욕망들이 하나하나 치고 올라옵니다. 그 남자의 생애에 일대 혁명이 일어납니다.

하비람 수련 과정이 다해 갈 즈음에 아침햇살 님이 조심스럽게 안내를 합니다.

- 그 '아저씨 바지' 벗고 이제부터 '젊은 오빠 바지' 입어보면 어떻겠습니까? 찢어진 청바지나 색깔 있는 바지로 바꾸어 입는 거예요. 그리고 파마도 한번 해보시는 것입니다.

- 이 옷이 어때서요? 제가 파마를 어떻게 해요?

- 어떻게 하다니요. 미장원에 가면 해줍니다. 한번 해보면 그때 만나는 세계가 있습니다.

어느 날 그 50대 남자가 드디어 색깔이 있는 티를 입고 나타났습니다. 얼굴색이 다르게 보입니다. 얼굴에 미소가 이미 번져 있습니다.

- 어떠세요?

- 처음에는 다 나만 쳐다보는 곳 같아서 불편했는데요, 조금 지나니까 괜히 뿌듯합니다.

- 이제 색깔이 있는 바지도 입어 보세요. 그리고 꼭 파마도 한번 해보는 겁니다.

어느 날 그 50대 남자가 마침내 색깔이 있는 바지를 입고 파마를 하고 나타났습니다. 다들 야단입니다. 정말 잘 어울린다고요. 다르게 보인다구요.

- 어떠세요?

- 정말 다릅니다. 설렘입니다. 그냥 괜히 좋습니다. 진급하거나 돈을 벌어서 느끼는 그 좋음하고는 다릅니다. 며칠 전에는 거울을 보는데 눈물이 나오는 겁니다. '그동안 내가 왜 이렇게 살았지? 내가

무슨 색깔을 좋아하는지 조차도 모른 채 뭐하고 살았지?' 하는 생각에 한심해지면서 눈물이 나오는 겁니다. 선생님께서 왜 색깔이 있는 옷을 입어 보라고 하셨는지, 파마도 한번 해보라고 권하셨는지 알겠습니다. 제가 이제 자꾸 거울을 보게 됩니다. 거울을 볼 때마다 제가 참 신기하고 좋습니다. 저도 이제부터 선생님처럼 중년 남자들에게 '더 늙기 전에 색깔이 있는 바지를 입어 봐라', '파마도 한번은 해보라' 고 권하고 있습니다.

아침햇살 님은 삶의 예술 ALP수련을 안내하면서 남자들에게, 특히 중년 남자들에게 색깔이 있는 옷을 입어보라고, 찢어진 청바지를 입어보라고, 파마도 한번 해보라고 종종 안내를 해왔습니다. 그런데 안내에 따라 그렇게 해본 남자들 한 사람도 그 해본 것을 후회하거나 다시 옛날로 돌아간 적이 없다는 것입니다.

그 후로는 다들 알아서 색깔이 있는 옷들을 아주 잘 찾아 입었다는군요. 머리도 계속 파마를 하면서 자기에게 어울리는 모양을 점점 찾아가서 아주 자연스럽게 되었다하고요. 아침햇살 님이 이들을 보고 있으면 자신감이 넘치는 표정들이 나옵니다. 미소를 머금고 삽니다. 삶에 대한 의욕들이 넘칩니다. 이제부터는 색깔이 없는 옷은 시시해서 입지 못하겠다고 합니다. 아침햇살 님도 그랬다는군요.

먼저 나부터
행복해져야

저는 어려서부터 행복했던 기억이 거의 없습니다. 가난한 집안의 2남 3녀 중 넷째로 태어나 자라는 내내 평안과 행복에 목말라했던 기억만 넘쳐요. 그래서 더욱 성공에 매달렸지 싶습니다. 무엇보다 아이한테는 가난을 물려주고 싶지 않았고, 평생 돈 걱정 안 하고 살 정도는 되어야 행복한 가정을 이룰 수 있다고 믿었습니다. 하지만 이제 와 돌아보니 그런 저 때문에 오히려 가족이 힘들어하고 희생해온 것을 알게 되었습니다.

왜 그랬을까요? 저는 한동안 답을 알지 못해 방황했는데 지금은 그 답을 명확하게 알게 되었습니다. 우선 저 자신이 행복하지 않았던 거예요. '반드시 먼저 제가 행복해져야 내 곁의 사람들도 비로소 행복하게 할 수 있다'는 사실을 나이 쉰이 가깝도록 모르고 살아온 거죠.

오늘날 우리가 점점 더 행복해지기 어려운 것은 '완벽의 추구' 에 대한 강요 때문이라고 합니다. 하버드대 최고의 긍정심리학자 탈 벤-샤하르도 《완벽의 추구》에서 같은 주장을 폅니다.

사람들이 꿈꾸는 완벽한 삶은 결코 이루어지지 않는 환상이다. 모든 일을 완벽하게 해야 한다는 생각은 현재의 성과를 거부하게 하고 목표를 향해 가는 과정의 즐거움과 의미를 부정하게 한다. 이로 인한 좌절감은 삶을 피폐하게 만든다.

이처럼 벗어나려고 할수록 더 옭죄어 오는 완벽주의의 굴레에서 벗어나 행복으로 나아가기 위해 우리에게 필요한 것이 바로 '최적주의' 다. 최적주의란 '완벽해지지 않고 행복해지는' 삶의 방식이다. 여기서 완벽해지지 않는다는 것은 대충 산다는 뜻이 아니다. 완벽에 대한 비현실적인 기대를 버리고, 그 대신 가능한 범위 내에서 최선을 다하는 삶을 말한다.

다시 말해 최적주의는 긍정적 완벽주의다. 최적주의적인 삶을 살 때 우리는 현재의 자신을 있는 그대로 인정하고 사랑하며, 불안감과 불행에서 벗어나 진정으로 행복해질 수 있다.

예전에 어떤 글에서 "상대방에 대한 배려심이 자기를 더 행복하게 해준다"는 이야기를 읽었었는데 가슴 깊이 와 닿아서 기억이 생생해요.

예전에 어느 단체가 중요한 파티를 열어 20명의 손님을 초대했습니다. 그런데 손님이 21명이 와서 좌석 하나가 부족하게 되었어요. 주최 측에서는 당연히 초대받지 않은 사람은 나가달라고 요구했지요. 그러자 그중 가장 명망이 높아서 1순위로 초대된 사람이 나가 버렸습니다. 주최 측은 당황했지만 어쩔 수 없이 파티를 그대로 진행했지요. 뒷날 주최 측의 한 인사가 그 사람에게 물어봤어요.
"초청을 받으셨는데 왜 가버리셨습니까?"
그러자 그가 담담히 대답했습니다.
"초청을 받지 않은 사람이 굴욕감을 느끼지 않도록 하기 위해서 였습니다."

인생에 정답은 없겠지만 가까운 곳에서 행복을 찾아가는 과정이라 할 수 있지 않을까요. 무심결에 상대방을 배려하지 못하고 상처를 주는 언행을 하지 않았는지, 편하다는 이유로 함부로 대하지 않았는지 돌아볼 일입니다.

이쯤에서 철학자 강신주의 행복론 한 대목을 들어볼까요. 역시 행복해지려면 많은 부분에서 발상의 전환이 필요하다는 것을 느낍니다.

만약에 여러분이 아내라면, 남편이 일 끝나고 집에 들어오면, 안 들어올 수도 있었는데, 오늘 들어와서 고맙다고 말할 수 있을까요? 우리는 보통 이렇게 생각한단 말이죠, 당연히 일 끝나면 집으로 들어와야 된다고. 만약 안 들어오면 우린 뭐라고 그러죠? 온갖 안 좋은 말을 하죠. 이렇게 문제는 시작되는 거예요. 어떻게 남편을 가지죠? 못 가져요! 우린 내면조차 헤아리지 못해요. 남편이 우울하다고 생각할 때, 아내는 안다고 생각해요. 우린 몰라요! 그저 옆에 있어주는 거예요. 우울해보이면, 괜찮다고, 괜찮다고 말해주는 거예요. '어차피 못 느끼니깐 난 몰라. 어쩔 수 없어'가 아니고, 옆에서 그냥 있어주며 헤아려보기. 그런데 헤아려지진 못해요. 여러분은 그러실 수 있어요? 더 나아가, 만약에, 남편이 일주일 동안 안 돌아오면 어떻게 하실 거예요? 그냥 기다리고 있어야 돼요. 기다리다가 남편이 들어오면요? 따듯한 차라도 내드려야지. 그렇죠? 그러곤 들어와 줘서 고맙다고 해야겠죠? 그러실 수 있겠어요?

우린 보통 못 그러죠. 왜냐면 우린 이미 그 사람을 소유하고 있다고 생각하기 때문이죠. 우린 이 오만에서 벗어나지 못하면, 두 분은 결국 행복하지 못해요. 남편이 불우의 교통사고로 돌아가실 수도 있어요. 아플 수도 있고. 그런 건 생각 안 해보셨죠?

참, 그러네요. 내가 먼저 행복해지려면 발상을 뒤집는 것이 필요하네요. 그동안 당연한 것으로 생각해온 것들을 당연하지 않은 것으로 새롭게 생각하기, 여기에 행복해지는 중요한 비결이 있다는 걸 미처 몰랐습니다. 그렇죠. 우리는 감사해야 하는 일들에 대해 감사하는 마음을 너무 많이 잃고 살아온 거예요. 숨 쉬는 것만 해도 참으로 감사한 일인 데도요.

참, 그러네요.

내가 먼저 행복해지려면

발상을 뒤집는 것이 필요하네요.

그동안 당연한 것으로 생각해온 것들을

당연하지 않은 것으로 새롭게 생각하기,

여기에 행복해지는 중요한 비결이

있다는 걸 미처 몰랐습니다.

그렇죠.
우리는 감사해야 할 일들에 대해
감사하는 마음을 너무 많이
잃고 살아온 거예요.
숨 쉬는 것만 해도
참으로 감사한 일인데도요.

3장

뚜띠쿠치나는 인문학이다

가장 중요한 순간,
가장 소중한 사람

'내 인생에서 가장 중요한 순간은 언제일까요?' 이렇게 물으면 저마다 인생의 찬란했던 순간을 끄집어냅니다. 회한의 눈빛으로 한숨을 내쉬면서 말이지요. 흔히 술자리 안주로 등장하는 "내가 왕년에는 말이야……"도 같은 맥락입니다. 또 사람들은 과거의 상처를 홀로 들춰보면서 눈물 짓기도 합니다.

우리가 이렇게 과거에 붙들려 허둥대느라 허투루 흘려보낸 "여기 지금 순간"은 얼마나 될까요. 떠나간 사랑을 슬퍼하느라 새로 오는 사랑을 모르고 그냥 보낸 적은 또 얼마나 될까요. 사람들은 흘러간 시간은 돌이킬 수 없다고 말하면서 왜 자꾸 흘러간 시간에 연연하여 오는 시간조차 의미 없이 흘려버리는 걸까요.

나도 아침햇살 님을 만나 가르침을 받기 전에는 습관처럼 그렇게 살아오다가 문득 깨닫고는 깜짝 놀랐습니다. "생각_{과거}의 굴레에서 빠져나오는 것이야말로_{내가} 지금 여기에 존재하는 길"임을 왜 미처 몰랐을까요. "매 순간 모든 것이 새로워지는" 그 기적 같은 길을 말예요. 아침햇살 님은 그래서 "생각 이전의 느낌, 즉 시방_{時方}느낌을 알아차리고, 그걸 충분히 만나주고 알아주라"고 합니다.

그럼 나한테 가장 소중한 사람은 누굴까요? 부모 형제? 자식? 친구? 물론 모두 소중한 사람들입니다. 문제는 '가장 소중한 사람'이 누구냐는 겁니다. 그가 누구든 시방 내 곁에 있는 사람 아닐까요. '여기 지금 순간'이 가장 중요한 순간이라면 그 순간을 함께하는 사람이 당연히 가장 소중하지 않겠어요.

러시아의 대문호 레프 톨스토이의 단편〈세 가지 질문〉은 바로 가장 중요한 순간과 가장 소중한 사람 그리고 가장 중요한 일에 관한 이야기입니다.

왕은 언제부턴가 세 가지 질문에 대한 답을 얻지 못해 전전긍긍했다.

모든 일을 하기에 가장 좋은 때는 언제인가?
함께 일할 가장 중요한 사람은 누구인가?
모든 때에 해야 할 가장 중요한 일은 무엇인가?

왕은 누구든 이 질문에 답하는 사람에게는 큰 상을 내리겠다고 온 나라에 알렸다. 이에 지혜가 높다는 많은 사람들이 나름대로 답을 내놓았지만 중구난방 서로 자기가 옳다고 떠들썩하기만 했지 아무도 그럴듯한 답을 내놓지 못했다. 며칠을 고민으로 보낸 왕은 언젠가 들은 적이 있는 깊은 산중의 은자隱者를 찾아보기로 마음먹었다. "깨달은 사람"이라고 불리는 그 은자에게 세 가지 질문을 해보고 싶었다. 하지만 한시도 산을 떠나지 않는 은자는 세상에 알려지는 것을 꺼릴 뿐만 아니라 부자나 권력자는 만나지 않고 오직 가난하고 비천한 사람만 만난다고 했다.

그래서 농부로 변장한 왕은 시종들을 멀찌감치 물려 기다리라 하고 혼자서 은자를 만나러 산속 깊이 들어갔다. 왕은 오두막 앞 텃밭을 일구고 있는 은자를 보았다. 은자는 낯선 나그네를 보자 잠깐 목례를 하고는 삽질을 계속했다.

삽질이 늙은 은자에게는 힘에 부쳐 보였지만 왕은 다가가서 세 가지 질문을 했다. 귀 기울여 듣던 은자는 왕의 어깨를 툭 치고는 삽질을 계속했다. 왕이 도와드리겠다고 하자 은자는 삽을 넘겨주고는 바닥에 앉아 쉬었다. 두 이랑쯤 파고 나서 삽질을 멈춘 왕이 거듭 세 가지를 묻자 은자는 말없이 바라보다가 이윽고 자리에서 일어나 왕더러 쉬라며 삽을 달라고 했다. 그러나 왕은 쉬지 않고 계속 삽질을 했다. 왕은 해가 저물어서야 삽을 놓고 "세 가지 질문에 대한 답을 듣고자 여기 왔다"며 은자에게 다시 가르침을 청했다. 그때 은자가 왕에게 물었다.

"저쪽에서 누가 달려오는 소리가 들리시오?"

왕이 소리 나는 쪽으로 고개를 돌리는 순간 누군가 숲에서 비틀거리며 나오더니 피가 흐르는 배를 움켜잡은 채 왕 앞에서 의식을 잃고 쓰러졌다. 왕은 속옷을 찢어 상처를 싸매주고 밤늦도록 정성껏 돌봤다. 왕은 종일 밭일을 한 데다가 환자를 돌보느라 고단했는지 문간에 기대 잠이 들었다가 해가 중천에 떠서야 잠에서 깼다. 환자가 어리둥절해하는 눈으로 왕을 바라보다가 이윽고 떨리는 목소리로 말했다.

"부디 저를 용서하십시오."

"대체 무엇을 용서하라는 말이오?"

"임금님은 저를 모르시겠지만 임금님은 지난번 전쟁 때 제 아우를 죽이고 집안의 재산을 빼앗은 원수입니다. 원수를 갚으려고 임금님을 찾아 나섰다가 대신 시종을 만났는데, 그가 저를 알아보고 칼로 찔렀습니다. 가까스로 도망쳤지만 임금님이 아니었다면 저는 이미 죽은 몸입니다. 저는 임금님을 죽이려고 왔는데 임금님은 저를 살려주셨습니다. 대를 이어 임금님을 섬기겠으니 부디 저를 용서하십시오."

왕은 그토록 쉽게 원한을 풀 수 있어서 기뻤다. 그래서 그를 용서하고 재산을 모두 돌려주는 것은 물론 그가 완쾌될 때까지 돌볼 것을 약속했다. 궁으로 돌아가 시종들에게 이러저러한 조치를 지시한 왕은 다음 날 다시 밭으로 은자를 보러 왔다. 세 가지 질문에 대한 답을 얻고 싶었다. 갈아놓은 밭에 씨를 뿌리고 있던 은자는 답을 묻는 왕을 물끄러미 바라보더니 말했다.

"그 질문에는 이미 답을 얻었지 않소?"

"네? 어떻게 말입니까?"

"어제 당신이 이 늙은이를 도와준 덕분에 그의 습격을 면했으니 가장 중요한 때는 당신이 밭을 갈던 때요, 가장 중요한 사람은 바로 이 늙은이고, 가장 중요한 일은 이 늙은이를 돕는 것 아니겠소. 그가 여기로 온 뒤로 가장 중요한 때는 당신이 그의 상처를 돌봐주던 순간이고, 가장 중요한 사람은 바로 그 사람이고, 가장 중요한 일은 그의 상처를 돌봐주는 것이었소. 세상에는 가장 중요한 때가 한 번밖에 없는데 '지금'이 바로 그때라는 걸 기억하시오. 가장 중요한 사람은 지금 함께 있는 사람이오. 바로 뒤에 당신이 누구를 상대하게 될지 누가 알겠소? 그러니 가장 중요한 일은 당신 곁에 있는 사람을 행복하게 해주는 것이오."

삶의 핵심은
'넘어가는' 것

우리는 자신도 모르게 하루에도 수십 번씩 '넘는' 행위를 합니다. 일상에서는 문턱도 넘어다니고, 횡단보도도 넘어다니고, 다리도 넘어 다닙니다. 야외로 나가면 고개도 넘어다니고, 강도 넘어다닙니다. 해외로 나갈 때는 드넓은 바다도 넘어다니고 높은 산맥도 넘어다니지요. 줄넘기도 넘고, 공중제비도 넘고, 많은 것을 넘습니다.

하지만 나는 아침햇살 님에게 '넘는' 것의 깊은 뜻을 배우기 전까지는 그것이 제 삶에서 얼마나 엄청난 의미로 작용하는지 까맣게 몰랐습니다. 《반야심경》의 원 제목이 《마하반야바라밀다심경》인데, 바라밀다波羅密多가 "언덕을 넘어서다"는 뜻이에요. 아침햇살님은 '화물음'화가 나는 마음에 관한 물음을 통해 갇힌 생각을 열어 '넘어가게' 합니다. 화물음은 이렇게 진행되어요.

화가 날 일이라고 어디에 되어 있습니까?

- 내 생각 속에요.

그러면 그동안 어디에서 산 것입니까?

- 생각 속에서 산 것입니다.

그럼 하나님도 지금껏 생각 속에 계셨던 거네요?

- 아니오, 마음에 계셨습니다.

마음속에 있다고 어디 되어 있습니까?

- 그렇게 믿습니다.

그 믿음은 어디에서 나온 것입니까?

- 그것도 생각이네요.

이제 하나님이 어디 계신지 보이십니까?

- 내 생각이요.

그러면 내 생각이 큽니까, 하나님이 큽니까?

_〈아침햇살의 반야심경 강의〉

지금 화물음에 응한 이 사람은 지금껏 하나님이 더 크다고 믿어 온 거예요. 실상은 하나님을 하나님이라고 한 순간 자기 생각 속에 가둔 것이고, 그래서 자기 생각보다 작을 수밖에 없는 것인데도 말입니다. 어디 하나님뿐이겠어요. 장미도 그렇고 참새도 그렇고 세상 만물이 다 그렇습니다. 장미를 장미로 보는 한 그 자체를 볼 수 없다고 해요. 그러면 어떻게 해야 할까요.

아침햇살 님은 "사실을 사실 그대로 봐야 한다"는 겁니다. 이것을 실상반야實相般若라고 한다는군요. 장미는 장미라고 불리는 그것이 므로 얼마든지 이름을 바꿀 수 있듯이 슬픔도 슬픔이라고 불리는 그것이므로 이름을 바꿀 수 있다는 거예요. 다시 말해, 그렇게 운명 을 바꿔나갈 수 있다는 메시지입니다.

'반야'는 지혜 중의 지혜, 즉 궁극적인 지혜를 말해요. '마하'는 절대적으로 큰 것, 궁극적인 것을 뜻하므로 '마하반야'는 가령 "생 각을 생각하는 것"이나 "사랑을 사랑하는 것"을 일컫습니다. 하지 만 말이나 글만 갖고는 이런 실상반야로 나아가는 언덕을 넘을 수 없으므로 방편반야方便般若가 있어야 한다는 거예요.

다시 말해, 먼저 행하고 본다는 겁니다. 노자 《도덕경》에 "행하는 이라야 뜻이 있다"强行者有志고 한 것도 같은 맥락이에요. 스님이 되 려고 출가出家를 하고, 여자가 혼인하여 출가를 하는 것도 다 고행 을 감수하고 새롭게 사는 인생이므로 바라밀다, 즉 "언덕을 넘어가 는 것"이라는군요. "강을 건너가는 것"도 같은 의미겠지요.

이렇게 언덕을 넘어가면, 강을 건너가면 어떻게 될까요. 나도 배 움 끝에 한 언덕을 넘어가니, 아침햇살 님 말씀대로 일상이 바뀌더군요. 읽는 책이 바뀌고 만나는 사람이 바뀌어요. 더욱 놀라운 것은, 같은 사람인데도 내가 언덕을 넘기 전에 만난 그 사람과는 딴판인 거예요. 그 사람은 그대로인데 그 사람을 대하는 내가 확 달라진 것이지요.

소크라테스가 "너 자신을 알라"는 신탁神託을 필생의 철학 주제로 삼은 것도 '나'를 알고 간수하는 것이 그만큼 중요하고도 어렵다는 뜻이 아닐까요. 아침햇살 님이 "나를 아는 것"을 우리 민요〈아리랑我理朗〉을 빌려 설명하자 그 뜻이 분명하게 살아납니다.

아리랑 아리랑 아라리요 아리랑 고개를 넘어간다

이렇게 계속 넘어가야 하는데, 그 한 고개를 넘지 못하고 대개는 어느 한 지점에서 엎어져 머물기 십상이라는 겁니다. 그런데 참 스승을 만나면 그 스승이 방편이 되어 나를 넘겨주어 자기 탐구를 계속할 수 있는 힘을 주고 방법을 알려준다는 거예요.

나를 버리고 가시면 십 리도 못 가서 발병 난다

진짜 나, 즉 '참나'를 버리고 가짜 나를 데리고 가면 완성에 이르지 못하고 병이 난다는 얘기지요. 아침햇살 님은 "중간에 발병이 나면 기뻐하라"는 거예요. 자기의 부족한 점이나 안이하고 게으른 점을 번쩍 깨닫게 해주는 죽비와 같으니 그보다 고마운 일이 어디 있느냐는 겁니다.

어느 날 '참을 수 없는 존재의 하찮음'에 구토를 해대는 《구토》의 주인공 로캉탱은 다른 곳으로 떠나려는 순간 카페의 레코드판에서 흘러나오는 노래를 들으며 "고개를 넘어갑니다." 한 꺼풀 벗어내는 깨달음을 얻어요. 장 폴 사르트르는 《구토》를 쓰면서 바로 그런 벼락같은 '넘어감'을 경험했다고 합니다.

그것은 내가 더 이상 알지 못했던 그 무엇이었다.
일종의 기쁨이었다. …… 나는 눈속을 걸어와 완전히 얼어붙었다가 갑자기 따듯한 방으로 들어온 사람과 같았다.

변화와 혁신은
일신우일신하는 것

"날마다 새로워지라"는 말이 있지요.

옛날 중국에 상나라를 세운 탕湯, 재위 기원전 1600~1589임금은 세숫 대야에 "진실로 하루라도 새롭고자 하면, 날마다 새롭게 하고 또 날로 새롭게 하라苟日新日日新又日新"는 좌우명을 새겨두고 아침마다 마음을 가다듬었다고 해요. 예로부터 제왕학으로 알려진 《대학大學》에 나오는 이야기입니다.

위 문구에서는 "진실로苟"에 방점을 두고 있습니다. 변화, 혁신, 즉 새로워지는 것은 일회성 이벤트로 해서는 어림도 없다는 말입니다. '하루의 새로움'을 일컬을지라도 그것을 진실로 새롭다고 하려면 그 하루가 "끊임없이 새롭고 또 새로운 나날의 연속 가운데 하루"여야 한다는 말이에요. 하루 이틀 반짝 하다 그친 새로움은 진정한 새로움이라 할 수 없다는 겁니다. 달리 말하면, 새로움은 연속된 총합의 개념이지 분절된 단편의 개념이 아니라는 말씀 아니겠어요.

공자도 저 명구를 좋아하여 《예기禮記》(대학과 중용은 원래 예기의 한 장)를 편찬할 때 넣어서 후세의 귀감으로 삼았는지도 모르겠군요. 공자야말로 평생을 배움에 목말라 하면서 '일일신우일신'을 실천하여 진실로 일신해온 호학好學의 화신이었습니다. 그가 말한 온고이지신溫故而知新도 '새롭게 하는' 방법론이에요. 《논어》〈위정爲政〉편에 실린 "옛것을 익혀 새 것을 알면 능히 스승이 될 수 있다溫故而知新可以爲師矣"는 말에서 나온 것이지요.

하루는 자장이 공자에게 여쭈었다.

"열 왕조 뒤의 변화를 알 수 있습니까?"

공자가 대답했다.

"은나라는 하나라의 예절과 법도를 따랐으니 거기에서 보태거나 뺀 것을 알 수 있고, 주나라는 은나라의 예절과 법도를 따랐으니 거기에서 보태거나 뺀 것을 알 수 있다. 그 누군가 주나라를 계승하는 자가 있다면 백 왕조 뒤의 일이라 할지라도 알 수 있을 것이다."

그러면서 공자는 탄식했다.

"그런 내 말은 뒷받침할 증거가 없어서 실증할 수 없구나. 아무튼

옛것에 대한 올바른 지식이 없이는 새로운 사태를 정확히 인식할
수 없는 것이다."

《중용中庸》에도 '온고이지신溫故而知新이' 나오는데, 온溫에는 다양
한 해석이 따릅니다. 후한 말기의 대학자 정현鄭玄은 온溫을 심온尋
溫과 같다고 했는데, 이는 고기를 뜨거운 물속에 넣어 익히는 것을
뜻해요. 주자학의 창시자 주희는 온溫을 심역尋繹하는 것이라 했는
데, 찾아 연구한다는 뜻입니다. 결국 온고이지신은 과거를 제대로
알아야 현재에 대해 올바르게 판단할 수 있고, 또 그런 사람이야말
로 다른 사람을 가르치고 이끌 수 있다는 뜻이에요.
　이에 관해서는 철학자 김용옥이 명쾌하고도 전향적인 풀이를 내
놓고 있어 새겨들을 만합니다.

　온溫이라는 글자는 삼수변이 없는 모습溫과 상통하는데, 잘 살펴
보면 그릇이 위에 있고 그 밑에 화기가 올라오는 모습이다. 이것이
그릇에 있는 것을 끓이는 모습일 수도 있고, 또 술독과 같이 무엇을
온양시키는 모습일 수도 있다. 즉, 발효를 의미한다. 우리 된장국이
나 꼬치장국의 특징은, 모든 재료가 한군데 들어가 끓여짐으로써
어떤 새로운 성질이나 맛이 발현된다는 데 있다. 발효도 옛것으로

부터 다른 성질이 발현되는 것을 의미한다.

"온고이지신"에서 온고의 목적은 지신에 있을 뿐이다. 신新을 위하여 고故는 온溫되었을 뿐이다. 고는 고일 뿐이다. 고가 고일 수 있는 것은 그것이 신으로 참여할 때만이 가능한 것이다. 신을 떠난 고는 존재하지 않는다. "온고이지신"이라는 명제는 근본적으로, 옛것에 대한 존숭의 맥락이 아니라 새것의 창조라는 맥락으로 재해석되어야 한다. 방점이 '온고'라는 정통성에 있지 않고 '지신'이라는 창조성에 있다. 끊임없는 창조를 위해서만 온고는 의미를 지닌다. 미래의 창조가 없는 과거는 과거의 자격이 없다.

_〈도올의 논어 이야기〉

온고이지신에 나오는 '고故'는 전고典故로 "따라 지켜야 할 규범의 근거가 될 만한 옛일", 즉 역사를 가리키고, '온溫'은 고기를 모닥불에 끓여 국을 만든다는 뜻이에요. 이것은 역사를 깊이 탐구함으로써 새로운 사태를 정확히 안다는 뜻입니다. 이것이 바로 공자가 말한 지식이고 지식인의 태도입니다. 요즘 말로 '산지식'이지요.

1980년대에 상영되기 시작하여 공전의 히트를 기록한 영화〈스타워즈〉시리즈는 현대적 최첨단을 자랑하지만 실은 그 모델을 옛날옛적의 그리스·로마 신화에서 가져온 것입니다. 신화를 각색한 호

메로스의 〈오디세이아〉에 크게 신세를 진 작품이지요.

그 밖에도 〈해리포터〉 시리즈, 〈반지의 제왕〉이나 〈아바타〉 같은 작품들이 어떻게 '온고이지신'으로 날아올랐는지, 세계적인 신화학자 조지프 캠벨의 〈스타워즈〉 감상평이 시사하는 바가 큽니다.

"새 옷을 입고 있긴 하지만 이것은 옛날 옛날 한 옛날의 이야기로구나!"

이게 바로 제가 영화 〈스타워즈〉를 보았을 때 가졌던 생각입니다. 영웅이 모험의 소명을 받고, 여행을 떠나 시련을 겪고 위기를 극복하고, 마침내 승리를 얻은 뒤 사회의 이익이 될 만한 것을 가지고 돌아온다. 이건 바로 감독인 조지 루카스가 '신화'의 표준적 이미지를 사용한 겁니다.

여기에 "신화의 표준적 이미지를 사용한 것"이라는 표현이 나오지요. 공자가 말한 그 '고故'도 무조건 옛날 것만을 의미하진 않습니다. 주나라 주공의 시대 주례周禮의 표준적 이미지로써 본받아 따라 할 만한 규범, 즉 고故를 삼은 것입니다.

진정성은 말보다
실천을 앞세우는 것

우리는 일상에서 '참'이나 '진짜'라는 말을 참 많이도 씁니다. 그만큼 거짓말이 넘쳐나고 가짜가 판치는 세상이라는 방증이 아닐까요. 요즘 아이들이 상대방의 말끝마다 장난스럽게 "레알real!" 이라고 하는 것도 실은 같은 맥락입니다.

상호나 상표에도 '참, 진짜, 원조'와 같은 진정성眞情性을 강요하는 말을 많이 붙이지요. 예전에 보면 어딜 가나 족발이든 국수든 생선찜이든 설렁탕이든 '원조元祖집'이 하나씩 있어 많은 단골손님을 확보하여 문전성시를 이뤘습니다. 그 '원조'라는 타이틀이 붙기까지는 적어도 수십 년의 연륜과 노하우를 간직하고 쌓아온 거예요. 하지만 '원조'를 내걸면 장사가 좀 된다 싶으니 너도나도 심지어는 갓 생긴 집까지 '원조'를 내건 나머지 누가 원조인지 알 수 없게 되었을 뿐 아니라 '원조'라는 말 자체가 아무 효용이 없게 되어버렸어요. '진짜 참 참기름'은 진짜 '진짜 참 참기름'일까요? 가짜 '진짜 참 참기름'일까요? '진짜 참 참'이 붙은 기름도 가짜가 태반이라지요. 세상이 이러니 어떤 때는 나 자신이 '진짜 나'인가 의심이 들 때도 있다니까요.

공자는 지식 경영의 선구자인데, 그가 말하는 공부는 오늘날 우리가 알고 있는 시험 공부가 아닙니다.

요즘 사회인들 가운데 붐이 일고 있는 독서만도 아니에요. 알다시피 《논어》는 '배움'으로부터 시작합니다.

"배우고 때맞춰 익히면 또한 기쁘지 아니한가學而時習之不亦說乎." 공자에게 배움은 곧 사람다움의 징표입니다.

"아침에 도를 들으면진리를 깨치면 저녁에 죽어도 좋다朝聞道夕死可矣"고 할 정도니 말해 무엇 하겠어요. 공자가 말하는 공부工夫는 '쿵푸'라고 해서 몸의 수련을 뜻합니다. 그러니까 공부는 애초에 머리로 하는 관념 놀이가 아니라 "현장에서 몸으로 체험하고 익히는 삶 자체"였어요. 공자는 '머리 공부'와 '몸 공부'의 체험담을 이렇게 말해요.

내 일찍이 밥도 먹지 않고 또 밤새 잠도 자지 않고 생각에 골몰해 봤지만 얻는 것이 없었다. 현장에서 배우는 것만 못하더구나 吾嘗終日不食, 終夜不寢, 以思無益, 不如學也. _論語, 衛靈公.

현장에서의 배움을 기반으로 할 때에만 지식은 본래 가치를 유지한다는 것입니다. 공자가 스스로의 길을 두고 "아래에서 배워서 위로 도달하는 과정 下學而上達"이라고 한 것도 같은 뜻입니다.

공자는 사실 책상물림의 샌님이 아니라 누구보다도 현장을 중시한 실천적인 지식인이었습니다. 그는 "배우기만 하고 생각하지 않으면 자기 마음속에서 구하지 않은 것이므로 얻음이 없게 되고, 생각하기만 하고 배우지 않으면 그 일을 익혀보지 않았으므로 위태로워서 편치가 않다"고 했습니다.

위의 문장에서 보다시피, 학學에는 반드시 습習이 따라붙어서 그 배운 바를 현실적으로 익히고 반복적으로 훈련하여 완전한 자기 것으로 체화시켜야 진정한 앎에 이른다는 것입니다. 여기서 '습'은 더 나아가 '배우고 공부한 바를 현실 생활에서 실천함으로써 몸에 익도록 한다'는 뜻도 됩니다. 그러니까 학습學習이라고 하면 "배운 바를 실천한다"는 것이 진정한 의미인 거예요.

그래서 공자는 로고스말보다 실천 행동을 중시했습니다. 특히 공자에게 지도자는 말로 부려 권력을 누리는 자가 아니요, 궁극적으로 몸을 움직여 책임을 지는 자예요. 그래서 "지도자의 덕성은 바람이요, 부하의 덕성은 풀과 같아서 바람이 불면 풀은 눕게 마련君子之德風, 小人之德草. 草上之風, 必偃"이라고 했습니다.

공자에게 쓴소리를 했다는 노자도 말뿐인 생색生色을 극도로 경계하여 "행함이 없으면 뜻도 없는 것"이라고 일갈했지요.

남을 아는 것은 지혜롭다 하겠지만 스스로를 아는 것이야말로 밝은 것이다. 남을 이기는 것은 힘이 있다 하겠지만 스스로를 이기는 것이야말로 강하다 할 것이다. 만족함을 알아야 부유하다 할 것이요, 힘써 행하는 자라야 뜻이 있다 할 것이다. 제자리를 잃지 않는 것이 오래 가는 것이요, 죽어도 잊히지 않는 것이 장수하는 길이다
知人者智. 自知者明. 勝人者有力. 自勝者强. 知足者富. 强行者有志. 不失其所者久. 死而不亡者壽.

_도덕경 33장

"힘써 행하는 자라야 뜻이 있다 할 것强行者有志"이라는 구절이 바로 실천은 없고 말만 많은 사람들을 향한 촌철살인의 경구입니다.

생각이 깨어야
태도가 나아간다

　우리가 흔히 '고리타분하다' 거나 '고정관념에 사로잡혔다' 거나 '편견에 붙들렸다' 거나 '아집에 빠졌다' 라고 말하는 것은 다 '자기 생각' 에 갇혔다는 뜻입니다. 생각은 자꾸 바뀌고 다른 생각들을 받아들여 넓어지고 깊어져야 하는데 좁은 틀에 갇혀 배타적이 되면 아집我執이 되게 마련이에요. 편견에 사로잡혀 고집불통固執不通이 되고 마는 것입니다.

　대승불교를 확립한 용수龍樹의 《중론中論》에 보면 "일체의 법法은 공空하다"고 했는데, 그것으로 보면 자기 생각에 붙들려 아집과 법집法執에 갇힌 것입니다. 아집이 굳어지면 고집이 되어 아무것과도 통하지 못하는 것이고, 법집이란 일체의 사물이 각기 고유한 본체와 성격을 가지고 있다는 생각에서 생겨나는 집착을 말하지요.

여러 인연에 의해 법이 생기는데, 나는 이것을 실체가 무無, 즉 공空하다고 말한다. 또한 가명假名이라 이르며, 중도中道의 이치라고도 말한다. 일체의 법이란 인연에 따라 생기지 않는 것이 없다. 그러므로 일체의 법은 공하지 않은 것이 없다.

_중론

부처님이 처음 제자들을 가르칠 때 그 경지가 미숙함을 알고 '나'는 집착할 것이 못되는 무아無我이므로, 우선 '나'에 대한 모든 애착을 버리라고 가르쳤습니다. 그런데 제자들은 이를 크게 잘못 받아들여 아집은 버리되 법에는 오히려 더욱 집착하게 되었어요. 아집을 비운 대신 법집으로 가득 채운 거예요.

사실 문제는 '과거로 이루어진', '생각'입니다. 생각에 붙들린다는 것은 바로 과거에 붙들린다는 말과 같아요. 결국 생각이 집착을 낳습니다. 《반야심경》에서는 그 과정 원리를 오온五蘊으로 설명하고 있는데, 색色 · 수受 · 상想 · 행行 · 식識이 바로 그것입니다. 색은 세상에 겉으로 드러난 현상이에요. 저마다 현상을 받아들이는 것이 수인데, 같은 현상이라고 받아들이는 게 다 달라요. 그 다르게 받아들인 수에 따라 저마다 상을 짓게 되지요.

가령, 바람이 세게 부는 한밤중에 대밭에서 짐승 우는 소리가 들려요. 여기서 짐승 우는 소리는 색이고, 그것을 듣는 것은 수예요. 수는 사람의 오감五感으로 받아들이는 겁니다. 소리를 듣는 청각, 사물을 보는 시각, 냄새를 맡는 후각, 맛을 보는 미각, 사물을 느끼는 촉각이 그것이에요. 그런데 그 짐승 우는 소리의 상想이 저마다 달라요. 어떤 사람은 늑대가 운다 하고, 다른 사람은 여우가 운다 하고, 또 어떤 사람은 처녀귀신이 운다 하지만 다른 또 한 사람은 그저 댓잎에 스치는 바람소리라고 합니다. 그 상에 따라 반응하는 것이 행입니다. 이런 행이 일정하게 반복되어 하나의 패턴으로 인식되는 것을 식이라고 해요. 이게 다 어떤 생각이 형성되어서 자기만의 상식이나 신념으로 굳어지는 작용 과정입니다.

제자들이 가르침을 오해하여 아집을 버리는 대신 법집에 빠져들자 부처님은 다시 법집조차 버릴 것을 강조했는데, 뒷날 신라의 고승 원효는 그에 대해 응하여 답을 내놓았습니다. 색·수·상·행·식의 오온은 다 인연 따라 생긴 것으로, 실재實在가 아니라는 것을 밝혔지요. 그리고 그것 자체가 굳이 없앨 바가 있는 고유한 실체가 아니라는 것을 자각하고, 더 나아가 그것을 제거하겠다는 생각조차 놓아버릴 때 자연히 법집에서 벗어난다고 했습니다.

다시 말해, 깨닫게 되면 본래가 그대로 열반이므로 따로 이 열반을 얻겠다는 생각을 버려야 한다고 본 것이에요.

이 모든 것이 다 생각을 깨서 버리는 일입니다. 과거에 말뚝을 맨 생각을 버려야 지금 여기 시방세계를 오롯이 느끼며 살 수 있겠지요. 그래야 우리의 삶이 과거의 남루와 구태를 벗고 나날이 새롭지 않겠어요. 이것이 바로 우리 삶의 태도가 진보하는 것입니다. 그렇다고 해서 새로움을 "헌 옷 벗고 새 옷으로 갈아입는 것쯤"으로 오해하면 곤란하겠지요. 부처님이 아집을 버리라 했더니 법집을 채우는 격이 아니겠어요. 그런 의미에서 시인은 또 한 생각을 깨게 합니다.

땀과 기름에 절어가며
낡아
빛바래고
너덜너덜해지는 작업복

벗이여 새로움이란
새 옷을 갈아입는 것이 아니네
이렇게
거짓 없이 낡아가는 것이네

_김해화, 〈새로움에 대하여〉 전문

꿈을 이루기 위한
작심삼일

　우리는 연말연시가 되면 매번 새로운 꿈을 꾸고 새로운 계획을
세우지만 번번이 작심삼일로 끝나고 말지요. 삼일이면 괄목상대三
日刮目相對할 텐데 말예요. 왜 그럴까요?

　꿈이 너무 거창하거나 목표가 너무 크고 벅차기 때문 아닐까요.
무엇보다 기록하는 습관을 들이지 않아서 무슨 결심을 하거나 계획
을 세우든 쉽게 흐지부지되는 것 같지 않은가요.

　작심삼일作心三日이라는 말은 연원을 따지자면 2300년 전으로 거
슬러 올라갑니다. 맹자가 '작심作心'을 처음 쓴 것으로 알려졌는데
그야말로 "마음을 다잡다"는 뜻입니다. 극단적 이기주의를 주장한
양주楊朱와 무차별적인 사랑을 주장한 묵적墨翟 사상의 폐해를 맹자
가 지적하며 한 말 가운데 '작어기심作於其心'이 있는데, 그것이 바로

'작심'이에요.

그 마음에서 일어나 그 일을 해치며, 그 일에서 일어나 그 정치를
해친다. 성인이 다시 살아와도 내 말을 바꾸지 않겠다. 作於其心, 害於
其事. 作於其事, 害於其政. 聖人復起, 不易吾言矣

_맹자 · 등문공장구 하

여기서 작作을 생生으로 쓰기도 합니다. '생어기심生於其心'이면
'작심'은 '생심生心'이 되겠군요.
　송나라 유학자 주희는 이 부분을 "사람의 말은 모두 마음에서 나
오니, 그 마음이 이치에 밝아 가림이 없어야 그 말이 공평하고 바르
며 막힘이 없이 통하여 병폐가 없다"고 했습니다.
　이처럼 맹자가 긍정의 의미로 쓴 '작심'에 '삼일'이 붙어 "굳게 먹
은 마음이 사흘을 못 가 흐지부지된다"는 놀림말로 쓰이게 된 연유
를 한번 살펴볼까요.
　고려시대에는 '고려공사삼일高麗公事三日'이라는 속담이 유명했는
데, "고려 조정에서 시행하는 정책이나 법령이 사흘 만에 바뀐다"는
뜻입니다. 이런 병폐는 조선시대까지 이어져 속담까지도 '조선공
사삼일朝鮮公事三日'로 계승되는데, 한번 시작한 일을 오래 지속하지

못하는 것을 꼬집는 말이지요.

이 속담에 관련된 유성룡의 일화가 있습니다. 유몽인이 쓴 우리나라 최초의 야담집 《어우야담於于野談》에 나오는 얘기예요. 유성룡은 임진왜란 때 도망치기에 급급한 임금을 대신해 국정을 총괄하고 전쟁을 총지휘하여 승리로 이끈 위인입니다. 이순신 장군도 그가 적극 추천하여 임진왜란 직전에 전라좌수사로 전격 승진 발탁된 것이에요.

한번은 유성룡이 각 고을에 공문을 발송하라는 명을 내렸다가 실수가 있어 회수시켰습니다. 그런데 역리가 진작 발송했어야 할 공문을 그대로 가져와요. 아예 발송하지도 않은 겁니다. 유성룡이 꾸짖자 역리가 태연히 대꾸합니다. "속담에 '조선공사삼일'이라 해서 어차피 사흘 후 다시 고칠 것을 알기 때문에 사흘을 기다리느라고 보내지 않았습니다."

바야흐로 현대는 속도의 시대로, 모든 분야에서 속도 경쟁이 뜨겁습니다. 그 속도에 뒤처지면 공멸하리라는 위기감도 그 어느 때보다 팽배합니다. 그래서 세상은 우리들 각자에게도 매순간 신속한 결정을 요구합니다. 그러나 신속하기만 한 결정은 성급하거나 섣부른 결정이기 쉬워서 결국 느린 것만 못한 결정이 되게 마련입니다. 그래서 요즘 들어서는 '느림'의 미덕이 강조되기도 합니다. 맞아요.

오늘날의 우리에게 필요한 것은 '느림'의 의미로 세운 새로운 '작심삼일'일 것입니다. "굳게 먹는 마음이 사흘도 못 간다"는 뜻이 아니라 "사흘 동안 신중하게 생각해서 결심하라"는 것이에요.

결심한 바를 오래 지속하려면 목표를 만만하게 설정하는 것도 좋은 방법입니다. 미국의 퓰리처상 수상 작가 E. L. 닥터로우는 소설을 쓸 때 이런 식으로 목표를 설정했다지요.

소설을 쓰는 것은 밤에 자동차를 운전하는 것과 같다. 당신은 차의 헤드라이트가 비춰주는 데까지만 볼 수 있을 뿐이다. 그런 식으로 목적지까지 갈 수 있다.

산문작가 은유는 글쓰기에 대해서 "남을 부러워하지 말고 자기가 발 디딘 그곳에서 한 줄씩 쓰면 된다"며 한 번에 이루려고 크게 욕심내는 것을 말렸습니다. 미리 많은 것을 걱정하지 말고, 오늘 할 수 있는 만큼만 하고, 오롯이 거기에 집중하라는 뜻입니다. 그렇게 조금씩 가다보면 아무리 먼 길도 언젠가는 닿지 않겠어요? 작심삼일, 이제부터는 새로운 의미로 받아들여 목표를 이루는 데 도움을 받으세요. 꿈은 날마다 함께 적어놓으면 목표가 되고, 목표를 작게 나누면 계획이됩니다. 끝으로 계획을 실행에 옮기면 꿈이 현실이 되겠지요.

삶은
경험해야 할 신비

아침햇살 님이 그럽니다. "생각은 100퍼센트 과거에 속해 있으니 생각에 의해 말하고 움직인다는 건 과거를 산다는 것"이라고 말입니다. 생각으로는 현재를 살지 못한다는 말이지요.

삶이란 관계고, 관계는 늘 현재형입니다. 결국 생각대로 산다는 건 지금 이 순간과 관계하지 못하는 것이므로 단적으로 말하면 죽음과 다를 바 없습니다. 생각을 따르는 사람은 나를 생각과 동일시합니다. 생각이 곧 내가 되는 거예요. 다시 말해 더 이상 나는 없는 겁니다.

_〈아침햇살의 반야심경 강의〉

먼저 여기 나오는 '관계關係'라는 개념부터 살펴보고 넘어갈까요. "삶은 관계"라는 말은 존재存在 자체로는 삶이 될 수 없다는 것입니다. 가령, '나'라는 존재가 세상 가운데 홀로 덩그러니 던져져 있기만 한다면 과연 그것을 삶이라고 할 수 있을까요. 존재끼리 관계하는 가운데 삶이 일어나는 것이겠지요.

'관關'은 '빗장 관자'인데, 원래 적의 공격을 막기 위한 요새를 뜻했습니다. 가령, 만리장성에는 여러 관문 중 3대 관문關門이 있어요. 하나는 천하제일관天下第一關이라는 산해관山海關, 또 하나는 거용관居庸關으로 난공불락의 요새로 유명하지요. 나머지 하나는 가욕관嘉浴關으로, 명나라 장성의 서쪽 맨 끝에 있는 관문인데 그 자태가 웅장하여 천하웅관天下雄關으로 불렸습니다.

알다시피 '계係'는 '잡아맬 계', '이을 계자'로, 원래 관과 관 사이를 잇는 성벽을 뜻했습니다. 그러니 관계는 장성을 의미했지요. 관계를 짓는다는 것은 곧 장성을 쌓는 것이니 실로 어마어마한 일이 아니겠어요.

앞에서 아침햇살 님이 말한 '나를 생각과 동일시하는 사람들'은 그저 지식 습득에만 열을 올리는데, 이론을 정립하고 설을 내세우고 논리를 따지고 드는 데는 선수입니다. 하지만 '느낌'으로 사는 것에는 젬병이에요. 자기 느낌을 알고 표현하는 데도, 남의 느낌과

감정을 알아채는 데도 서툴고 둔하지요. 이런 사람들은 IQ는 높을지 몰라도 감성지수, 즉 EQ는 저능해서 공감 능력이 현저히 떨어집니다.

지금껏 살펴보았듯, 생각의 영역이 과거라면 느낌의 영역은 현재, 즉 시방時方입니다. 우리가 밥을 먹을 때도 '생각'과 '느낌'의 영역이 갈립니다. 밥 먹는 것을 그저 끼니를 때우는 것으로 여기고 허겁지겁 욱여넣으며 다른 생각으로 꽉 차 있으면 밥 먹는 것 자체로는 아무 즐거움도 느낄 수 없게 되는 거지요. 지금 여기, 즉 시방세계를 살지 못하고 있는 겁니다. 정작 즐겁고 행복해야 할 삶의 중요한 순간이 그저 허기를 때우는 수단으로 전락하고 만 거예요.

이제 이런 생각의 영역을 벗어나 느낌의 영역으로 넘어가 보지요. 밥상을 받으면 밥을 먹기 전에 먼저 눈으로 음미하고 밥의 향기를 맡으며 밥상을 차린 사람에게 고마운 마음을 갖습니다. 밥이고 반찬이고 국이고 꼭꼭 씹어 일일이 음미하면서 좋은 냄새와 맛을 즐깁니다. 그러면서 밥상을 함께한 사람들과 음식에 관해 얘기를 나눕니다.

끝으로 숭늉이나 차를 나누며 식사의 여운까지 남김없이 만끽합니다. 이 정도만 해도 밥 먹는 것 자체로 행복하지 않겠어요. 한 끼 밥을 먹는 것도 생각이 아니라 온몸의 느낌으로 맞으면 이렇게 찬

란한 삶으로 피어납니다.

어디 이게 밥 먹는 일에만 해당되는가요? 우린 매사를 거의 다 수단으로만 여겨버린 나머지 시방세계를 희생시켜 온 거잖아요. 심지어는 꽃다운 시절, 청춘까지도 다 수단으로 희생시켜 버려서 청춘을 청춘답게 사는 사람이 거의 없습니다.

요즘 우리 아이들이 사는 모습을 한번 찬찬히 살펴보세요. 학원에, 과외에, 입시에 스펙 쌓기에 구직에 발목이 잡혀 어디 청춘을 느낄 새나 있던가요? 청춘의 특권이라는 연애마저도 사치라고 여기는 판이라니, 우리 사회가 아이들이 당연히 누려야 할 삶과 행복을 앗아버린 겁니다.

이래서 우리 인생이 이토록 문제투성이가 된 것입니다. 온통 풀어야 할 문제가 되어버린 것이지요. 꼬리에 꼬리는 무는 그 문제들을 푸노라면 어느덧 인생이 저물고 머리에는 서리가 내립니다. 평생을 '문제의 고해' 苦海에서 허덕이느라 행복한 순간이 없는 거예요. 우리 삶은 경험하고 느껴야 할 신비인데도 말이지요.

길이 안으로도
난 줄은 모른다

무슨 좋지 못한 일이 터지면 사람들은 대개 원인을 밖에서 찾습니다. 무슨 일이나 생각을 하다가 막히면 그것을 푸는 길도 대개 밖에서만 구하다보니 끝내 구하지 못하고 헤매는 겁니다. 길이 안으로도 나 있다는 사실을 꿈에서도 미처 눈치 채지 못한 탓입니다.

시인은 사람들의 이런 모순을 예리하게 포착하여 절묘하게 표현합니다.

사람들은 자기들이 길을 만든 줄 알지만
길은 순순히 사람들의 뜻을 좇지 않는다
사람을 끌고 가다가 문득
벼랑 앞에 세워 낭패시키는가 하면

큰물에 우정 허리를 동강내어
사람이 부득이 저를 버리게 만들기도 한다
사람들은 이것이 다 사람이 만든 길이
거꾸로 사람들한테 세상 사는
슬기를 가르치는 거라고 말한다
길이 사람을 밖으로 불러내어
온갖 곳 온갖 사람살이를 구경시키는 것도
세상 사는 이치를 가르치기 위해서라고 말한다
그래서 길의 뜻이 거기 있는 줄로만 알지
길이 사람을 밖에서 안으로 끌고 들어가
스스로를 깊이 들여다보게 한다는 것은 모른다
길이 밖으로가 아니라 안으로 나 있다는 것을
아는 사람에게만 길은 고분고분해서
꽃으로 제 몸을 수놓아 향기를 더하기도 하고
그늘을 드리워 사람들이 땀을 식히게도 한다
그것을 알고 나서야 사람들은 비로소
자기들이 길을 만들었다고 말하지 않는다

_신경림, 〈길〉전문

시인의 눈이 사람 사이의 관계나 사물을 바라보는 경지는 경이로 울 만큼 깊어서 시 한 편이 탁월한 철학서 한 권을 보는 듯합니다. 2500여 년 전에 공자가 평생 시를 가까이 하여 《시경詩經》편찬에 관 여하기까지 하고 자식들에게 시를 읽을 것을 그토록 적극적으로 권 장한 이유를 알 것도 같습니다.

《시경》에 수록된 시는 305편인데, 서기전 11세기~서기전 6세기 여 러 나라의 풍속을 노래한 대중가요를 채집하여 정리한 것이에요. 그 래서인지 시들이 다 생생하여 삶의 애환이 우러납니다. 공자는 이 시 편들 정리에 관여하면서 댓글을 달아놓았는데, 도덕군자라는 틀에 박힌 우리의 고정관념과는 전혀 다른 발랄한 면모를 보입니다.

현재 《시경》에는 전하지 않는 "산앵도나무 꽃잎이 살랑살랑 흔들 리네. 어찌 그립지 않으리요마는 그대 머무는 곳 너무 머네"라는 노 래에 대해 "그리워하지 않는 것이지, 어찌 멀리 있다고 하겠는가?" 논어 · 자한 라고 한 댓글만 봐도 시를 통해 자신의 감정과 통찰을 표 현하려 한 공자의 열정을 알 수 있지요.

위에 예시한 시를 한번 보세요.

"사람들은 자기들이 길을 만든 줄 알지"만 착각이라는 겁니다. "길이 순순히 사람들의 뜻을 좇지 않는 것"을 보면 알 수 있다는 거 예요. 그러므로 사람들 자신이 길을 만든 거라고 착각한 데서 오는,

그러니까 길은 밖으로만 난 것이라는 착각에서 일어나는 교훈도 다 착각이라는 겁니다.

"그래서 길의 뜻이 거기 있는 줄로만 알지 길이 사람을 밖에서 안으로 끌고 들어가 스스로를 깊이 들여다보게 한다는 것은 모른다"는 거예요. 그러니까 길이 안으로 난 줄도 알게 되고, 그 길을 들여다볼 줄도 알게 되면 "사람들은 비로소 자기들이 길을 만들었다고 말하지 않는다"는 것이지요.

위에서 말한 대로 공자가 "산앵두나무 꽃잎이 살랑살랑 흔들리네. 어찌 그립지 않으리요마는 그대 머무는 곳 너무 머네"라는 노래에 대해 "그리워하지 않는 것이지, 어찌 멀리 있다고 하겠는가?"라고 댓글을 달 수 있는 것도 안으로 난 길을 들여다볼 수 있었기 때문이에요. 왜 내 밖으로 난 길만 바라보고는 "너무 멀다"고 하는가, 나무라는 겁니다.

안으로 난 내 마음의 길이 너무 멀다는 것, 즉 "그리워하지 않는 것"을 탓하지 않는가 하는 것입니다. 밖으로 난 길이 멀어서 그대를 만나러 가지 '못하는' 것이 아니라 실은 사모하는 마음이 시원치 않아서 만나러 가지 '않는' 것이라고 적나라하게 꼬집는 공자의 댓글 속에 밖으로 난 길과 안으로 난 길의 차이가 확연히 드러나지요.

관계를 맺는다는 것은
엄청난 사건

앞에서도 살펴봤다시피 관계를 맺는다는 것은 그야말로 만리장성을 쌓은 것만큼이나 엄청난 사건입니다. 그 관계가 바로 삶을 이루는 것이니까요.

그런데 말이죠. 우리가 관계를 맺기 전에 우리는 모두 이미 하나로 관계되어 있다는 거예요. 하나로 연결되어 있다는 겁니다. 아침햇살 님 말대로 "조금만 넓게 보면 세상 만물은 다 나에게서 떠나 나에게로 돌아옵니다. 보이지 않던 것들이 때가 되면 나타나는 것이지요."

쉬운 예로, 내가 지금 쓰고 있는 책상만 해도 그래요. 내 눈에는 그저 책상으로만 보이겠지만 그 책상을 만든 나무가 인도네시아 자바 섬의 햇살과 물이 키운 것이라면 지금 내 방은 인도네시아 자바 섬과 연결되어 있는 거예요. 그리고 그 나무를 가공했을 어느 목공과도 연결되어 있는 것이고요. 이렇게 세상 만물이 하나로 관계되어 있다는 것을 잘 보여주는 동화가 있는데, 권정생1937~2007의《강아지똥》이에요. 줄거리만 요약하면 이래요.

돌이네 흰둥이 강아지가 돌담 모퉁이에 똥을 싸 놓았어요. 참새가 날아와 "더러운 개똥"이라 놀리자 강아지똥은 슬퍼 울고, 그때 수레에서 떨어진 흙덩이가 위로합니다. 흙덩이는 고추나무를 살리지 못한 괴로움에 슬퍼하지만 이내 주인의 도움으로 다시 그 땅으로 돌아갑니다. 혼자 남게 된 강아지똥은 외로움에 사무치는데, 긴 겨울이 지나고 따스한 봄이 찾아오지요. 어미닭과 병아리가 강아지똥을 보고는 그냥 지나치자 자기는 아무 쓸데없는 더러운 개똥이라고만 생각하는데……. 얼마 후 민들레를 만나지요.

"내가 아름다운 꽃을 피우려면 네가 거름이 되어주어야 한다"는 말에 기쁜 나머지 강아지똥은 민들레를 확~ 껴안아 버리지요. 비가 계속 내리고,…… 민들레를 껴안은 강아지똥은 빗물에 잘디잘게 부서져 땅속으로 스며들어 민들레와 하나가 됩니다. 강아지똥은 이윽고 노란 민들레꽃으로 피어나지요.

동화작가 권정생은 1937년 일본 도쿄 빈민가에서 태어나 오랫동안 떠돌이로 살다가 마을 교회 문간방 종지기로 겨우 뿌리를 내리고 살면서 작품을 썼는데, 1969년 단편《강아지똥》으로 이름을 알리고, 1984년 장편《몽실 언니》로 베스트셀러 작가 반열에 오른 분이에요. 자기 작품만큼이나 영혼이 맑은 분으로, 비록 고단했지만 누구보다 아름다운 삶을 살다 가셨지요.

세상 만물은 이미 이렇게 하나로 관계되어 있지만 그 관계됨이 저절로 나타나는 건 아니겠지요. 우리들 저마다가 그것을 깨닫고 적극적으로 관계를 지어갈 때라야 그 관계됨이 비로소 구체적인 현실로 드러날 겁니다. 우리는 누구나 존재 자체가 아니라 존재끼리의 관계로 삶을 이루는 것인데, 그 관계는 생각보다 대단한 결과를 빚습니다.

'인도의 성녀'로 불리는 테레사 수녀1910~1997는 "나는 당신이 할 수 없는 일을 할 수 있고, 당신은 내가 할 수 없는 일을 할 수 있다. 따라서 우리는 함께 큰일을 할 수 있다"는 말로 관계의 위력을 표현했습니다.

강풍이 자주 부는 미국 서부 해안에 아주 키가 큰 세쿼이아 나무 군락이 있는데, 그 나무들은 키가 크니 바람의 저항도 많이 받습니다. 그 지역에 강풍이 불면 뿌리째 뽑히는 나무들이 흔하지만 키가 커서 곧 넘어갈 것 같은 세쿼이아 나무만큼은 오히려 끄떡없었다는 군요. 어떻게 그럴 수 있는지 궁금한 식물학자들이 땅을 파보았더니 의외로 뿌리를 얕게 내리고 있는 세쿼이아 나무들은 뿌리들이 뒤엉켜 서로를 지탱한 덕분에 그런 강풍을 이기고 2000년이 넘도록 숲을 이룰 수 있었다는 거예요. 바로 이런 것이 관계가 주는 위대한 힘이 아닐까요.

그런데 관계에서 중요한 것은 다른 사람이나 대상이 내게 관계를 맺어오도록 기다릴 게 아니라 내가 먼저 주체적으로 관계를 설정하고 맺어야 한다는 것입니다. 내가 다른 사람이나 대상과의 관계를 어떻게 설정하고 어떤 관계를 맺느냐에 따라 나와 다른 사람 또는 대상의 존재 가능성이 1만 가지로 다르게 실현될 수 있다는 거예요. 또 한 탁월한 시인이 있어 그런 관계 설정에 따른 존재 가능성의 변화를 잘 보여주고 있습니다.

더러 신문지 깔고 밥 먹을 때가 있는데요
어머니, 우리 어머니 꼭 밥상 펴라 말씀하시는데요
저는 신문지가 무슨 밥상이냐며 궁시렁 궁시렁하는데요
신문질 신문지로 깔면 신문지 깔고 밥 먹고요
신문질 밥상으로 펴면 밥상 차려 밥 먹는다고요

따뜻한 말은 사람을 따뜻하게 하고요

따뜻한 마음은 세상까지 따뜻하게 한다고요

어머니 또 한 말씀 가르쳐 주시는데요

해방 후 소학교 2학년이 최종학력이신

어머니, 우리 어머니의 말씀 철학

_정일근, 〈신문지 밥상〉전문

이 시에서는 신문지와의 관계 설정을 보여주고 있지요. 밥을 차리는데 신문지를 그저 "신문지로 깔면 신문지 깔고 밥 먹는 것"이 되고, 신문지일지언정 "밥상으로 펴면 밥상 차려 밥 먹는 것"이 된다는 얘깁니다. 만사가 관계 맺기에 달렸다는 "말씀 철학"이 쏙 들어오지 않나요.

질문의 힘과
학생의 태도

제가 인문학 포럼에서 공부를 하는데, '질문의 힘'에 대해서 크게 깨달은 바가 있습니다. 우리 회사에 대해, 저 자신에 대해, 제 가족에 대해, 제 삶에 대해 구체적인 질문을 들이댔더니 그전에 몰랐던 문제들이 확연히 드러나는 겁니다.

하다못해 "우리 회사는 어떤 회사인가?" 라는 두루뭉술한 질문 하나만으로도 이 질문에 답하는 과정에서 그전에는 생각지도 못했던 고민들을 구체적으로 하게 되더군요. 얼핏 막연한 질문 같은데 정색을 하고 들으니 정곡을 찌르는 질문인 겁니다.

"어떤 회사" 인가에 따라 공동 창업자이자 COO인 나의 정체성이, 나아가 나의 리더십과 인품이 달리 드러나는 거잖아요. "우리 회사는 어떤 회사인가?" 아무것도 아닌 질문 같지만 가슴에 깊이 담고 보니 엄청난 질문인 거예요. "나는 어떤 사람인가?" 하는 질문과 다를 바 없잖아요.

사실 '질문' 하면 고대 그리스의 철학자 소크라테스의 질문이 가장 유명하지요. 이른바 산파술産婆術이라는 건데, 일방적으로 지식을 주입시키는 것이 아니라 질문과 답변, 즉 문답을 통해 스스로 진리에 가까워지도록 한다는 겁니다.

혁신의 아이콘으로 여겨지는 애플의 창업자 스티브 잡스1955~2011는 "소크라테스와 점심을 함께할 수 있다면 나의 모든 애플 지분을 내줄 수 있다"고 말한 적이 있습니다. 소크라테스가 얼마나 대단하기에 다 내줄 수 있다고까지 했을까요? 소크라테스의 지혜를 전수받고 싶은 열망이 어떤 물질적 가치보다 컸기 때문이겠지요.

소크라테스는 석공인 아버지와 산파인 어머니 사이에서 태어났어요. 그는 정치를 타협하는 것으로 보고 정치적으로 어느 편에도 서지 않았지요. 그는 협박에도 불구하고 참주들의 위헌적 유죄 판결을 끝까지 거부하는 용기 있는 사람이었습니다. 일생 동안 아테네를 떠나 본 적이 없는 그는 사형을 당하기 전까지 하루도 빠짐없이 아테네 거리를 돌아다니면서 청년들과 문답을 즐겼다고 해요.

그는 아주 못생겼고 집안도 변변찮았는데요. 당시엔 가업을 물려받는 것이 보통이어서 고등교육을 받지 못한 것으로 보이며, 뛰어난 학자들을 쫓아다니며 배웠다는 기록이 있지만 정식으로 배웠다는 기록은 없습니다. 하지만 소크라테스가 신세를 한탄하여 비관하는 모습은 어디에도 없습니다. 그는 늘 여유롭고 당당했으며, 가르침을 받으려고 몰려드는 젊은이들 누구에게도 수업료를 받지 않고 자유롭게 대화했을 뿐이라는 거예요.

공자도 그랬지요. "마른 고기 한 묶음 정도만 가져와서 내게 예를 차리는 사람이라면 내 일찍이 가르쳐주지 않은 적이 없다"라고 했습니다. 당시에는 스승이나 윗사람을 찾아뵙고 가르침을 청하려면 반드시 폐백幣帛, 즉 소정의 수업료를 준비하는 게 예의였어요. 그런데 상대의 신분에 따라 폐백의 종류가 다 달랐어요. 임금에게는 옥을, 경장관급에게는 새끼 양을, 대부에게는 기러기를, 사선비에게는 꿩을, 그 아래에게는 닭을 가져가야 했지요. 이런 관례대로라면 공자는 꿩을 받아야 마땅하지만 그 대신 속수束脩를 받아 배움의 문턱을 턱없이 낮췄습니다. 수脩는 흔한 육포요, 속束은 10개들이 한 묶음이니 공자가 겨우 생계를 연명할 수 있는 정도로 보면 되겠지요.

하지만 공자는 그렇게 배움의 문턱을 낮추기만 한 것은 아니에요. 돈이 없어 못 배우는 사람이 없도록 배려했지만 아무리 돈이 많아도 배우려는 열의가 없으면 냉정하게 가르침을 거두고 말았습니다.

배우는 이가 마음속으로 분발하지 않으면 열어주지 않으며, 표현하고자 애태우지 않으면 말문을 열어주지 않으니, 사각형의 한 귀퉁이를 들어주었는데 이것을 가지고 남은 세 귀퉁이를 이해하지 못하면 다시 더 가르쳐주지 않는다.

이런 공자도 대화를 통해 스스로 깨닫도록 가르쳤습니다. 공자와 제자들의 문답이나 대화는 참으로 허심탄회한 면모를 보입니다. 공자가 '좌망坐忘'을 두고 안회顔回와 나눈 대화를 볼까요.

안회가 어느 날 공자를 보고 말했다.
"저도 이제 많은 수양을 얻게 되었습니다."
"무엇이 어떻다는 말이냐?"
"저는 인의仁義를 잊어버릴 수가 있습니다."
"그건 장한 일이지만 그것만으론 아직 충분치 못하다."
어느 날 안회가 다시 찾아와 말했다.
"저도 이젠 많은 수양의 진보를 보았습니다."
"어떻게 말이냐?"
"저는 예악禮樂을 잊을 수 있게 되었습니다."
"그건 장한 일이지만 그것만으론 충분하다고 할 수 없다."

다음 날 안회가 또 찾아와 말했다.

"이젠 보다 많은 수양을 얻게 되었습니다."

"어떻게 말이냐?"

"좌망坐忘을 했습니다."

공자는 깜짝 놀란 표정으로 반문했다.

"좌망이란 무엇이냐?"

"자기 육신을 버리고 총명이 소용없게 되는 것, 즉 모양과 지각에서 벗어나 큰 도道와 하나가 되는 것, 이것이 앉아 있으면서 잊는 좌망입니다."

그러자 공자가 말했다.

"도와 하나가 되면 사물에 대한 좋고 싫고 사랑스럽고 미운 감정이 없어지고, 도와 동화同化되면 모든 집착과 구속에서 벗어나게 된다. 너는 역시 현명하다. 나도 이제 너를 따라 배우도록 하겠다."

_《장자》, 〈대종사大宗師〉

무슨 좋지 않은 일이 터지면

사람들은 대개 원인을

밖에서 찾습니다.

무슨 일이나 생각을 하다가 막히면

그것을 푸는 길도

대개 밖에서만 구하다보니

끝내 구하지 못하고 헤매는 겁니다.

길이 안으로도 나있다는 사실을

꿈에서도 미처

눈치채지 못한 탓입니다.

4장

인문학, 끝이 없는 인생 공부

자리를
탐하지 않는 삶

사람들은 "억울하면 출세하라"는 푸념을 곧잘 입에 달고 삽니다. 인문학 공부를 다니면서 좋은 것은 이런 세속의 말과는 사뭇 다른 깨우침을 얻는 것입니다. 인문학 선생님이 그러시더군요.

"출세란, 무작정 돈 많이 벌고 높은 자리에 올라가는 것이 아니라 자기가 있는 곳에서 가장 자랑스러운 사람, 가장 필요한 사람이 되는 것입니다. 그러면 돈이나 자리는 자연히 따라오게 되어 있지요."

폐부를 찌르던 그 말씀이 늘 귀에 생생합니다.

지금 이 시간에도 '자리 타령'이나 하면서 시간을 낭비하고 있는 사람이 있다면 먼저 발상부터 바꿔야겠지요. 자리가 사람을 빛내는 것이 아니라 사람이 그 자리를 빛내는 것이니까요. 그러면 그 사람도 자연히 빛나게 되어 있습니다. 빛나는 자리를 탐하는 것은 결국 부질없는 일이겠지요.

진정으로 자기를 사랑하는 한 가지 방법은, 자기가 있는 곳에서 반드시 필요한 사람이 되는 것입니다. 교묘한 처세술을 활용하여 좀 더 좋은 자리를 차지하고 남들보다 빨리 승진하는 데만 정신을 파는 것은 어쩌면 자기를 망치는 길로 치닫는 것인지도 모릅니다. 많은 사람들이 자기가 처한 곳에서 원대한 꿈을 키워가기보다는 그 자리를 이용하여 하찮은 이익을 탐하다가 인생을 망치고 맙니다. 여기 이 사람을 한번 보세요.

1970년대 초, 미국의 어느 대형 백화점에서 신입 사원을 모집했다. 내로라하는 인재들이 구름처럼 모여들었다. 회사에서는 1, 2차 시험과 면접을 거쳐 최종 합격된 응시자들에게 희망 부서와 하고 싶은 업무를 적어내라고 하였다. 모두들 한결같이 세칭 노른자위 부서에서 판촉 기획, 제품 및 인사 관리 등의 근사한 업무를 보고 싶다고 적어냈다. 그런데 수석으로 합격한 프랭크만이 백화점 객장 엘리베이터 안내 업무를 하고 싶다고 적어냈다.

사장은 프랭크를 불러 "자네는 수석 합격자이므로 원하기만 한다면 얼마든지 좋은 부서에서 일할 수 있는데 왜 하필 엘리베이터 안내 업무를 자원했는가?" 하고 물었다. 프랭크는 "그 이유는 나중에 말씀드릴 테니 꼭 그곳에서 일하게 해 주십시요"라고 간청했다. 사장은 의아했지만 프랭크의 청이 하도 간곡하여 그가 원하는 대로 해주었다.

프랭크가 엘리베이터 안내 업무를 맡은 지 1년쯤 되었을 때 그에 대한 고객들의 칭송이 자자했다. 사장이 프랭크를 불러 "이제 그만하면 되었으니 중요한 부서에서 좀 더 생산적인 업무를 맡게"라고 제의했다. 그러자 프랭크는 "아직 제가 계획한 일을 끝내지 못했습니다. 3년을 채우게 해주십시오. 그때는 사장님의 뜻에 따르겠습니다" 하고 간청했다.

프랭크는 그렇게 3년 동안 엘리베이터 안내 업무를 마친 후 사장에게 찾아가 두툼한 서류 뭉치를 내놓으며 말했다.

"이 서류에는 우리 백화점을 찾는 거의 모든 고객들의 신상에 관한 통계가 일목요연하게 정리되어 있습니다. 매장별 고객 유형, 구매 행태, 제품이나 시설은 물론 직원들의 태도에 대한 불만 사항, 개선을 바라는 점 등에 관한 것입니다. 이제야 저는 비로소 어떤 부서에서 일하든 제가 무슨 일을 어떻게 해야 할지를 알게 되었습니다. 바로 이것이 제가 3년 동안 고객 안내 업무를 맡은 이유입니다."

사장은 무릎을 치며 감탄해 마지않았다.

"자네야말로 우리 백화점에 꼭 필요한 인재일세."

어때요? 이처럼 아무도 관심을 두지 않는 곳에 자기를 빛낼 수 있는 보석이 숨어 있을 수 있지요. 대부분의 사람들이 명리名利를 좇아 우왕좌왕하는 사이에 이처럼 차분하게 자기를 키울 수 있는 기회가 숨어 있을 수 있습니다.

한번 진지하게 돌이켜보세요. 당신은 자신을 빛내기 위해 어떤 방식으로 얼마나 노력했나요?

이것은 아주 중요한 질문입니다. 좋은 자리만 차지한다고 해서 자신이 저절로 빛나는 것은 아닙니다. 프랭크는 눈앞에 있는 좋은 자리 대신 스스로 빛나는 존재가 되기 위해 3년 동안이나 기꺼이 고생을 즐겼지요. 그는 일을 배우는 데 있어서 핵심을 놓치지 않은 겁니다. 그리고 일로써 상사를 감동시킨 거지요.

실력을 키우는 것은 뜻을 이루는 시작이고, 요령만 키우는 것은 자기를 망치는 시작입니다. 진정으로 자기를 사랑한다면 자기를 가장 떳떳하고, 가장 건강하고, 가장 필요하고, 가장 자랑스러운 사람으로 만들 줄 알아야 하겠지요.

믿음과 배려로
싹트는 행복

어떤 행위를 할 때 거기에는 반드시 가치가 있어야 동기를 부여할 수 있습니다. 그런데 기업 활동에서는 직원들의 업무 행위와 궁극적인 가치 사이에 시공간적인 거리가 있어 개별적인 업무 행위에 어떤 가치 동기가 부여되어 있는지 모른 채 일을 하는 경우가 허다하지요.

예를 들어, 전자밥솥을 만들어 판다고 치면요. 여기에는 크게 두 가지 가치 동기가 있습니다. 하나는 기업의 입장에서 '많이 팔아서 이윤을 크게 남기는 것' 입니다. 이는 가장 직접적이고도 가까운 가치 동기이므로 새삼 언급할 필요조차 없겠지요. 다른 하나는 고객의 입장에서 '안전하고 편하게 오래 사용하는 것' 입니다. 그러나 이런 고객의 입장은 늘 '가치 수단' 으로만 고려될 뿐 좀처럼 '가치 목표'로 상정되지는 않습니다.

따라서 상품을 만들어 파는 기업의 입장에서는 '이윤의 극대화' 만을 가치 동기로 고려하기 쉽습니다. 물론 다른 제품들과의 경쟁력을 높이기 위해 고객의 입맛제품의 성능 향상과 비용 절감에 맞추려는 혼신의 노력을 기울이겠지만 이런 것들은 궁극적인 가치로 인식되지 못하고 '이윤의 극대화'라는 일방의 가치를 위한 하나의 '수단' 으로 인식될 뿐입니다.

이렇게 되면 우리는 결국 가장 중요한 가치의 하나를 포기하게 되는 셈이고, "고객의 입장에서 모시겠습니다!" 하는 구호는 한낱 듣기 좋은 사탕발림이 될 뿐이겠지요.

그러나 돈 잘 버는 기업을 넘어 '존경받는' 기업이 되고, 유능한 직원을 넘어 '행복하게' 일하는 직원이 되려면 우리가 포기하고 있는 다른 한편의 가치를 '수단'이 아니라 궁극의 '목표'로 바꾸어야 하겠지요. 무슨 얘긴지《총각네 야채가게》2003 한 장면을 볼까요.

"총각, 딸기 없어?"
"네, 어머니. 딸기가 맛이 없어서 오늘은 가져오지 않았어요."
"왜 맛이 없어?"
"그저께 비가 와서 좋은 딸기가 나오지 않았거든요."

"그렇군. 총각 말이니 믿어야지. 딸기 나오면 연락 줘."

이렇게 여러 손님이 딸기를 찾았지만 야채가게 총각은 이렇게 그냥 돌려보낸다.

다시 딸기를 찾는 손님이 왔다.

"오늘은 딸기가 좀 먹고 싶은데, 안 보이네?"

"맛이 없으면 안 갖다놓는 거 아시잖아요. 어머니, 오늘은 참외가 정말 맛있어요. 참외 한번 드셔 보세요."

"그래? 알았어. 그럼 참외 한 바구니만 줘." 어떤 손님은 무슨 과일 달라고 하지도 않고 아예 총각이 권하는 과일이라면 무조건 달라고 한다.

오래 전에 장안의 화제가 된 이영석 총각네 야채가게의 이상한 풍경입니다. 야채가게를 찾는 고객들의 최고 가치 목표는 '싱싱하고 맛좋은 야채를 싸게 사는 것'이지요. 그리고 가게를 운영하는 총각의 가치 목표는, 일반적인 개념으로 생각하면 '어떻게든 야채를 좋은 가격으로 많이 팔아 돈을 많이 버는 것'입니다.

그러나 가게 총각은 그런 통념을 거부하고 자신의 가치 목표를 고객의 가치 목표에 일치시킴으로써 그 야채가게에 대한 고객의 무한한 신뢰와 사랑을 이끌어내고 있습니다. 그러나 단순히 고객의 가치 목표를 나의 목표와 일치시키기만 한다고 해서 다 되는 것은 아니지요. 그 자체를 나의 행복으로 삼을 때라야 진정으로 일치시켰다고 할 수 있습니다. 그러니까 야채가게 총각은 일하면서 추구하는 최고의 행복을 '돈을 버는 그 자체'에 두지 않고 '늘 싱싱하고 맛 좋은 야채를 좋은 가격에 제공하여 고객을 즐겁게 하는 데' 둠으로써 결국 두 가지 가치를 모두 실현한 것입니다. 일찍이 4차 산업 혁명 시대의 마인드를 장사에 접목했네요.

어느 동네 놀이터 옆에 허름한 신발 수선소가 하나 있는데 늘 손님으로 북적댄다고 합니다. 가게 아저씨 솜씨가 좋을뿐더러 수선비가 저렴한 덕분도 있겠지만 그 아저씨가 오는 손님들을 늘 즐겁게 해주기 때문이라는데요. 그 아저씨는 일하면서 늘 콧노래를 흥얼거리고 아이들이 오면 사탕 바구니에서 사탕을 꺼내줍니다. 게다가 늘 웃는 낯으로 손님들의 이런저런 얘기를 모두 들어주고요. 손님들이 "무슨 좋은 일이 날마다 있으신가 봐요?" 하고 물으면, "그럼요, 날마다 좋은 일이 있지요. 내 손에서 말끔하게 수리된 신발을 받아들고 즐거워하는 손님들이 날마다 이렇게 넘쳐나는 걸요" 하고 대답한대요.

바로 이것입니다. 내가 하는 일이 회사의 부가가치 창출에 얼마나 기여할 것인가도 매우 중요하지만, 더 나아가 그 일로 인해 누군가가 얼마나 즐거워하고 행복해할 것인가를 궁극적인 가치로 삼는

다면 그 일에서 행복을 느끼게 될 것이고 그 일을 더욱 사랑하게 될 것 아니겠어요.

우리 뚜띠쿠치나 역시 그런 가치관과 비전을 현실에서 구현하고자 애쓰고 있습니다. 설레는 마음으로 들어와 감동을 먹고 나가는 뚜띠쿠치나! 어때요?

이렇게 하나하나 만들어가는 이 시간이 참, 행복합니다.

말에 베인 상처는
아물지도 않는다

오래전부터 우스갯소리 비슷하게 남자들 사이에서 회자되는 격언이 하나 있더군요.

"남자란 모름지기 세 가지 끝을 조심해야 한다. 하나는 주먹이요, 또 하나는 거시기요, 그리고 나머지 하나는 혀끝이다."

사실 "혀끝을 조심해야 한다"는 데 이르면 남녀노소가 다를 수 없지요. "혀를 함부로 놀리는 자는 그 혀로 인해 망하리라"는 가르침은 동서고금을 막론하고 거의 모든 성현들이 가장 중요하게 언급하고 있습니다. "혀에서 나온 말은 반드시 그 혀의 주인에게 되돌아간다"는 격언도 빼놓을 수 없습니다.

성경에는 "말이 많으면 허물을 면키 어려우나 그 입술을 제어하는 자는 지혜가 있느니라_{잠언}"고 했고, 주나라의 명재상 강태공은

"입안에 피를 머금고 남의 얼굴에 내뿜는다면 먼저 내 입이 더러워 질 것이다. 남을 저울질할 때 먼저 내가 그 저울에 달릴 것을 조심 하라. 남을 상하게 하는 자는 먼저 그 자신이 상할 것"이라고 경고 했어요. "남을 위해 구덩이를 파는 자는 자신이 그 구덩이에 먼저 빠진다"는 러시아 속담이 있는데, 이와 관련하여 아주 섬뜩한 이솝 우화가 있습니다.

 백수의 왕 사자가 노환이 들어 굴속에 누워 있었다. 모두들 문병 을 왔는데 여우만은 끝내 나타나지 않았다. 기회는 이때라고 여긴 늑대는 사자에게 여우의 잘못을 시시콜콜 과장하여 일러바치면서 여우가 사자를 임금으로 여기지 않기 때문에 병문안도 오지 않는 것이라고 모함했다. 바로 이때 굴속으로 들어서려던 여우가 늑대의 말을 모두 듣고 말았다. 여우가 나타나자 사자는 분노를 터뜨렸다. 여우는 백배사죄한 후 말했다.
 "아마도 이 자리에 있는 그 누구도 저만큼 대왕의 건강을 진심으 로 염려하지는 못할 것입니다. 그동안 저는 백방으로 이름난 의사 들을 찾아다니면서 대왕의 병을 고칠 수 있는 비방을 구한 끝에 알 아냈습니다."
 이 말에 노여움이 풀린 사자가 어서 그 방법을 고하라고 채근했다. 여우는 엄숙한 표정으로 대답했다.

"늑대의 생가죽을 벗겨서 식기 전에 아픈 곳에 붙이시고, 그 간을 꺼내 드시면 씻은 듯이 나을 것입니다."

늑대는 그 자리에서 생가죽이 벗겨지고 내장이 헤쳐지는 송장으로 변하고 말았다.

아무리 평소에 견원지간으로 지냈더라도 만약 늑대가 병문안에 늦은 여우를 두둔했더라면, 그에 감동한 여우가 늑대를 고맙게 생각하고 기꺼이 둘도 없는 친구가 되었을 것입니다. 사실 여우를 참소하여 늑대가 얻을 수 있는 이익은 아무것도 없지요. 사자가 영특한 왕이라면, 오히려 여우를 참소하는 늑대를 '믿지 못할 놈'으로 단정했을 것입니다. 어리석은 늑대는 친구를 얻을 기회를 놓치고 그 대신 비명횡사하고 말았군요.

사회생활을 하면서 혀를 가볍게 놀려 낭패를 당한 기억이 누구나 한 번쯤 있을 것입니다. 가령, 화장실에서 동료에게 직속 상사 욕을 신나게 하고 있는데, 그 직속 상사가 대변 칸에서 불쑥 나올 때는 쥐구멍이라도 찾아들고 싶을 것이고요. 또 술자리에서 동료들과 어울려 없는 사람을 열심히 안주 삼아 씹었는데, 나중에 누군가 얘기를 퍼뜨려 낭패를 당할 때도 있을 테고요.

중요한 것은, 자기가 내뱉은 험담을 당사자가 알고 모르고가 아니지요. 자기 주위 사람들에게 침을 뱉는 것은 바로 자기 얼굴에 침을 뱉는 것이나 마찬가지입니다. 자기 회사나 상사를 열심히 비난하고 있는데, 듣고 있던 사람이 "그럼, 그 회사에 다니며 그 상사와 함께 일하는 너는 뭐냐?"라고 반문한다면 뭐라고 대답할 건가요? 자기가 남을 헐뜯고 있는 동안에 그 자리에 있는 사람들은 겉으로는 맞장구를 칠지언정 속으로는 험담을 일삼는 바로 그 사람을 욕하게 마련입니다. 결국 자기 욕을 자기가 하고 있는 셈이지요.

　상사든 동료든 후배든, 자기한테 아무리 안 좋게 대하더라도, 그 사람들이 잘나서 아무리 시샘이 나더라도 그 사람들을 진심으로 존중하고 사랑해보세요. 내가 예수나 부처도 아닌데 무슨 사랑 타령이냐고 힐난할지 모르지만, 가장 가까이서 가장 많은 시간을 함께 보내는 사람들과 언제까지 그런 피곤한 관계를 이어갈 수는 없지 않겠어요. 그러면 결국 나만 손해겠지요. 그 사람들은 내가 미워하든 말든 아무 상관없이 잘 먹고 잘 살 텐데 말이죠. 사실 서로 시기하고 헐뜯는 행위는 조직의 팀워크를 해치는 가장 큰 적입니다. 신뢰가 가장 필요한 조직생활에서 불신과 비방은 자신은 물론 조직에도 치명적인 독입니다.

　모든 것은 마음먹기에 달려 있지요. 마음을 조금만 고쳐먹으면 저승사자 같던 상사도 달라보일 것이고 얄밉던 선배나 동료도 살갑게 다가올 것입니다. 안주 삼아 주위 사람들을 씹는 그 시간과 열정으로 그 사람들을 모두 친구로 만들어보세요. 언제든 나를 도와줄 우군으로 만들어보시라고요.

내가 변해야 상대도 변하고, 내가 변해야 세상도 변하는 법입니다. 내가 마음먹기에 따라 세상은 엿같기도 하고 살맛나기도 하겠지요.

발꿈치로는
오래 서 있을 수 없다

우리가 저마다 세상을 사노라면, 사회생활을 하노라면 경제적 능력이나 신체적 매력이 중요하겠지만 사람들은 '인간적인 매력'을 느낄 때 상대방에게 가장 호감을 느낀다고 합니다. 인간적인 매력을 풍기는 가장 중요한 요소는 아마도 몸에 밴 겸손과 진심에서 우러나온 배려일 것입니다.

교만은 사람을 우물 안에 가둬놓고 희롱한다
발꿈치를 올리고 서 있는 자는 오래 서 있을 수 없고,
가랭이를 벌리고 걷는 자는 오래 걸을 수 없다.
스스로 드러내는 자는 밝지 아니 하고,
스스로 옳다 하는 자는 빛나지 아니 하고,

스스로 뽐내는 자는 공이 없고,

스스로 자만하는 자는 으뜸이 될 수 없다.

그것은 길에 있어서는 찌꺼기 음식이요

군더더기 살이라 한다 세상은 그것을 혐오할 것이다

그러므로 길이 있는 자는 처하지 아니하리니.

노자의 《도덕경》김용옥 풀이 24장의 내용입니다. 참으로 순리와 겸손의 오묘한 경지를 말하고 있지요. 눈속임을 위해 허세를 부리고 사나운 욕심을 채우고자 조바심을 치는 소인배는 결국 그 본 모습을 들키게 마련이고 그 뜻을 이루지 못할 것입니다. 그러나 진정으로 겸손하고 지혜로운 사람은 좋은 일이 있어도 좋다고 떠들지 않으며 궂은 일이 있어도 싫다고 주먹질을 하지 않습니다.

이삭은 익을수록 고개를 숙이고 물은 깊을수록 소리를 내지 않는다는 이치를 몸에 익힌 사람은 빈 수레처럼 요란을 떨지 않고 봄바람처럼 변덕을 부리지 않습니다. 그런 사람은 자기가 불편하더라도 주위를 편하게 하려고 마음을 쓰기 때문에 언제 어디서든 외롭지 않은 법이지요.

그러나 오로지 성공에 눈이 뒤집힌 사람들은 저마다 조급증에 걸려 서성대며 분주할 뿐입니다. 부끄러운 줄도 모르고 티끌만 한 재주를 태산처럼 자랑합니다. 또 남보다 높아 보이거나 앞서 보이려고 발꿈치를 들어 허세를 키우고 가랑이를 벌려 공을 부풀립니다. 그러나 이런 조급증과 교만은 결국 일을 망치고 자신을 고립시키고 말 것입니다.

아프리카 밀림을 배경으로 만든 영화를 보면 종종 사람이 늪에 빠져 허우적거리는 장면이 나옵니다. 그런데 빠져나오려고 발버둥을 칠수록 더 빨리 빠져들고 말지요. 빠진 사람이 힘이 세든 약하든 잘났든 못났든 늪은 그런 것을 상관하지 않습니다. 이때 머리 위에 늘어진 나뭇가지라도 있으면 붙잡고 빠져나오련만 그도 없다면 속절없이 늪 속에 빠져 악어 밥이 될 수밖에 없습니다.

밀림이 인생이라면 늪은 고난입니다. 다른 사람을 사랑할 줄 모르는 사람은 늪에 빠져도 구해줄 친구가 없습니다. 자기 잘난 맛으로 다른 사람을 무시하고 다른 사람의 고통에는 관심이 없는 사람은 세상이 마치 자기 것인 양 으스대지만 결국 밀림 속에서 고립되고 맙니다. 고립된 상태에서 늪에 빠지면 당신을 구해줄 사람은 아무도 없습니다. 하다못해 늪 위에 늘어져 있던 나뭇가지도 당신이 늪에 빠졌을 때는 이미 부러지고 없습니다.

자기를 진정으로 사랑할 줄 아는 사람은 먼저 다른 사람을 사랑하고 그들과 어울려 조화를 이룰 줄 압니다. 당신이 다른 사람을 이해하고 그들의 고통을 어루만져주면 당신이 늪에 빠졌을 때 그들도 생명의 위협을 무릅쓰고 기꺼이 당신에게 구원의 손길을 내밀 것입니다. 사람들은 그렇게 서로 존중하고 서로 돕고 서로 사랑하며 사는 것이에요. 그러면 밀림 도처에 아무리 많은 늪이 널려 있어도 밀림은 우리가 살기에 가장 아름다운 천국이 될 것 아니겠어요.

설령 내가 아무리 잘났기로서니 다른 사람들과 더불어 나눌 수 없다면 그 '잘남' 은 아무 소용이 없겠지요. 내 가족, 친구들, 동료들 모두 내 인생에서 소중한 존재입니다. 그들을 배려하고 격려하고 사랑하는 것이야말로 내 인생을 진정으로 사랑하는 길입니다. 그들이 없으면 나도 없고 세상도 없지 않겠어요. 섬처럼 고립된 채 '내가 최고!' 라고 외쳐본들 공허한 메아리일 뿐이겠지요.

모든 것은
오직 마음이 지어낼 뿐

흔히 "인맥도 능력" 이라고들 말합니다. 백번 맞는 말씀이에요. 그러나 어떤 인맥이냐가 중요합니다. 기업 간 경쟁이 글로벌화하고 점차 치열해지면서 모든 것을 성과로 인정받는 흐름이 대세를 이룬 지 오래되었습니다. 따라서 예전의 지연, 학연, 아첨으로 얽힌 사사로운 인맥은 적어도 기업에서는 힘을 쓰지 못하는 흐름이지요. 대신 그 자리를 열정과 실력 그리고 소신을 배경으로 한 인맥이 채워가고 있습니다. 상사에게 충성하는 사람보다는 일에 충성하는 사람이 인정받고 남의 시선에 충성하는 사람보다는 자기 자신의 신념에 충성하는 사람이 인정받고 있습니다. 진정으로 필요한 핵심 인재를 후원하고 지지하지 않고서는 기업의 생존이 불가능해졌기 때문입니다. 결국 일을 통해 쌓은 인맥이야말로 진정한 인맥이라 할 수 있지요.

어느 대기업의 K사장은 회장 비서 출신이다. 비서로 발탁될 무렵 (사실은 비서가 너무 자주 바뀌어서 그에게도 차례가 돌아온 것뿐이었다) 그가 내세울 만한 배경은 아무것도 없었다. 학벌도 그저 그렇고 이른바 '빽'이 있는 것도 아니었다. 게다가 회사 내 엘리트 코스 하고는 거리가 멀었다. 그가 모신 회장은 성격이 까다롭고 괴팍하기로 악명이 높았다. 어떤 비서도 1년을 채우지 못하고 두 손을 들 정도였다. 그 누구도 아무리 열심히 일해도 회장의 눈에 들지 못했다. 모두들 회장의 성격이 고약한 탓으로 돌리고 하루하루 버텨내기에 급급하다가 비서직을 물러나고 말았다.

그도 처음 얼마간은 참으로 고통스러웠다. 늘 사표를 주머니에 넣고 다닐 정도였다. 정말이지 바보 취급을 당하면서 시달리다 보니 울화가 치밀어서 회사에 출근하기가 지옥 가기보다 싫었다. 그러다가 어느 날 문득 '저 영감이 왜 나를 이다지도 달달 볶을까?' 곰곰이 생각했다. 입장을 바꿔 '만일 내가 회장이라면 아랫사람이 어떻게 대해주면 좋을까?' 상상해보았다.

답은 너무도 간명했다. '마음에서 우러나온 존경심을 갖고 소신 있게 행동하는 것'이었다. 자신의 비서 생활 첫 한 달을 돌이켜보니 참으로 한심했다. 늘 두려워하는 마음으로 매사를 회장이 어떻게 생각할지 눈치만 봐온 터였다. 회장을 가장 마음 가까이에서 모셔야 할 비서가 점점 더 회장에게서 멀어져온 것이었다.

그래서 그는 서른 살이나 많은 회장을 '아버지'로 생각하기로 마음먹었다. 날마다 아침저녁으로 '회장님은 내 아버지'라고 자기 최면을 걸었다. 그렇게 일주일이 지나자 놀랍게도 그 무섭던 '회장님'이 친근한 아버지로 느껴지기 시작했다. 두려움이 썻은 듯이 사라지자 도망치고 싶은 마음 대신 좀 더 가까이 다가서고 싶은 마음이 일었다. 아무리 심한 야단을 맞아도 '내가 걱정이 되어 아버지가 잔소리하시는 거겠지' 생각하고, 아무리 심한 짜증을 부려도 '아버지가 오늘 무척 힘드신 모양'이다라고 생각하며 넘겼다. 아무리 무리하거나 황당한 일을 시켜도 '큰 뜻을 갖고 나를 담금질하시는 것이려니, 생각하니 오히려 고마운 마음이 들었다.

상황이 이쯤 되자 일에 재미가 들리고 늘 여유롭고 즐거운 낯으로 회장을 대할 수 있게 되었다. 게다가 '아버지'에게 못할 말이 없게 되었다. 회장이 그릇된 판단을 한다고 생각되면 직언을 서슴지 않았다. 처음에 회장은 "그건 안 된다"라고 단호하게 직언하는 그를 한참 노려보더니 "그래도 자네밖에 없네. 나도 나중에 그건 아니라고 여겼는데 아무도 감히 반대하는 사람이 없어 쓸쓸했네"라고 말하며 다정하게 어깨를 쳐주었다.

이처럼 진심을 갖고 회장이 아닌 회사를 위해 일하고, 회장 앞에서도 늘 당당한 그를 회장은 전폭적으로 신임하기 시작했다. 이렇게 '오너에게 직언할 수 있는 유일한 사람' 이라는 브랜드로 최고의 '인맥' 을 구축한 그의 회사 생활은 탄탄대로였으며 마침내 최고경영자가 되었다.

　당신도 지금 당장 주변 사람와의 관계를 돌아보세요. 매사에 눈치를 보거나 잘 보이기에 급급한 것은 아닌지. 앞에서는 두려워서 쩔쩔매고 뒤에서는 욕하기에 바쁜 것은 아닌지. '설령 일이 잘못되어도 내 책임은 아니니 그저 시키는 대로만 하면 그만' 이라는 안일한 생각으로 일하고 있는 건 아닌지.

　만약 그렇다면 당신은 일뿐 아니라 자신의 인생에 너무 무책임한 사람입니다. 그저 먹고사는 방편으로 마지못해 출근 버스를 타는 사람, 자신의 존재 가치를 포기한 서글픈 직장인입니다. 한강에 몸을 던지는 것만이 자살 행위가 아닙니다. 자기 인생의 주인공이기를 포기한 삶도 자살 행위나 마찬가집니다. 몸뚱이만 살아있을 뿐, 생각도 죽어 있고 열정도 죽어 있는 삶을 어찌 살아있다 할 수 있겠어요.

행하는 자라야
진정 뜻이 있다

　누구나 '작심삼일作心三日'을 입에 올리고 경계하지만 이를 면하기는 참으로 어려운 일입니다. 맹자 말씀에 "그 마음에서 일어나서 그 일을 해치고, 그 일에서 일어나서 그 다스림을 해친다作於其心 害於其事 作於其事 害於其政 _孟子, 文公章句"는 구절이 있는데, 그 가운데 '작심作心'에서 '작심삼일'이 비롯한 것입니다.

　작심이란 '마음에서 결정짓는 것'을 말하는데, 심사숙고하여 결정한 일을 사흘도 못 가서 저버리는 까닭은 의지가 약하든지 아니면 애초에 실천하기가 어려운 무리한 계획을 세웠기 때문일 것입니다. '괄목상대刮目相對'라는 말이 있는데, "어느 날 문득 눈을 비비고 다시 봐야 할 만큼 사람이 달라져 있다"는 뜻입니다. 그런가 하면 10년 전이나 오늘이나 아무것도 변한 것이 없는 사람도 있습니다.

이는 '작심'을 얼마나 더 꾸준하게 실행에 옮겼느냐에 따른 차이겠지요. 아무리 훌륭한 '작심'이라도 실행하지 않으면 아무 쓸모가 없다는 것은 굳이 말로 이를 필요조차 없습니다.

언젠가 본 《방하차서 이야기》영남대 배영순 교수 가운데 "그때 방문을 나서는 자는 아무도 없었다"는 글이 강렬한 인상을 남겼습니다.

수년 전 밤늦은 시간, 종로3가에 있는 '방하 교실'에서 〈경세론〉 강의가 진행되고 있었습니다. 무슨 얘기 끝에 선문답이 화제에 오르자 강의를 진행하던 선생님은 "우리, 선문답이나 한번 해볼까요?" 하면서 문제를 하나 내주더군요.

"지금 제주도로 가는 가장 빠른 방법이 무엇이겠습니까?"

순간 침묵이 흐르면서 아무도 선뜻 입을 열지 않았지요. 모두들 열심히 기발한 방법을 찾느라 골몰해 있는 듯했습니다. 밤늦은 시간이라 비행기 편은 끊어졌을 테니, 일단 기차나 버스 또는 승용차를 타고 부산이나 여수 등으로 가야겠지요. 그리고는 쾌속선을 수배하여 타야겠지요. 아니, 혹시 더 기발한 방법이 있을지도 모릅니다. 나뿐 아니라 모두들 이런저런 방법을 궁리했을 테지만 혹시 망신만 당할까봐 섣불리 입을 열지 못하고 있었습니다. 선문답에 어울리는 기막힌 답이 있을 텐데…? 꽤 긴 침묵이 이어졌습니다. 그 시간이 마치 심문을 당하는 것처럼 괴롭기 그지없더군요.

다들 앉은자리에서 그 단순한 문제에 대한 답을 찾느라 분주하게 머리를 굴리고 있었지요. 저만 해도 웬만큼 나이도 먹고 박사라는 것도 받았을 뿐더러 평생 공부를 직업으로 삼아 살아왔는데, '제주도로 가는 가장 빠른 방법'이라는 상식적인 질문 앞에서 막막해지고 말았습니다.

그런데 다행히도 한 분이 무거운 침묵을 깨고 "일단 서울역으로 가야 하는 거 아니에요?" 하고 대답하더군요. 그러자 선생님은 "선방에서 그렇게 대답하시면 몽둥이 맞습니다!" 하면서 정답(?)을 내놓더군요.

'기차를 타야 한다', '버스를 타야 한다', '아니다, 승용차로 가야 한다. 하고 말을 섞을 새가 어디 있습니까? 지금 이 자리에서 방문을 박차고 나가야 하는 것 아닌가요?"

그때까지 그 많은 청중 가운데 방문을 박차고 나서는 사람은 아무도 없었습니다.

이 일화가 주는 메시지는 "지금 당장 시작하라"는 것이지요. 지금 당장 시작하는 것처럼 빠른 방법은 없을 테니까요. 우리는 흔히 계획을 세울 때, 다음 달부터 또는 새해부터 시작하는 것으로 작심을 합니다. 담배를 끊고자 작심할 때도 올해까지만 피고 내년부터, 인문학 공부를 하고자 작심할 때도 이달까지는 놀고 다음 달부터 하는 식으로 계획을 세웁니다. 그래서 다음 달이 또 다음 달로 미뤄지고 내년이 또 내년으로 미뤄집니다. 그래서 해마다 '작심'만 있고 실행은 없습니다. 그러므로 100년이 가도 다른 사람이 나를 '괄목상대' 할 일이 없습니다. 사흘만 하면 괄목상대하게 될 텐데요.

조안 리의 저서 《사랑과 성공은 기다리지 않는다》에는 샌프란시스코 최대 갑부 줄리어스 메이 이야기가 나옵니다.

유럽에서 크게 성공한 로스차일드 사는 미국에 진출하기 위해 샌프란시스코에 지점을 내기로 했다.

어느 날 사장이 지점장 물망에 오른 한 직원을 불러, '떠나기 전에 준비 기간이 며칠이나 필요한지' 물었다. 직원은 깊이 생각하더니 "열흘쯤 걸리겠다"고 대답했다. 뭔가 성에 차지 않은 사장은 다른 직원을 불러 물었다. 그 직원은 "사흘쯤 걸리겠다"고 대답했다. 그래도 여전히 성에 차지 않은 사장은 직원을 한 명 더 불러 물었다. 그랬더니 그 직원은 대뜸 "지금 당장 떠나겠다"고 대답했다. 그러자 사장은 "좋아, 자네가 오늘부터 샌프란시스코 지점장일세" 하고 말하며 만족스럽게 악수를 나눴다.

이 세 번째 직원이 바로 줄리어스 메이다.

　노자도 "행하는 자라야 뜻이 있다强行者有志"고 했습니다. 사랑의
진정한 의미도 사랑하는 마음이 아니라 사랑하는 행동이라고 했습
니다. 아무리 좋은 뜻도, 아무리 거창한 계획도 행동으로 옮길 때라
야 비로소 "있다"고 할 것입니다. 성현 군자도 한결같이 언행일치言
行一致, 지행합일知行合一을 수신修身의 최고 덕목으로 삼았습니다.

스스로 높이면
오히려 낮아질 뿐

공은 죄다 자기 잘난 덕으로 돌리고 허물은 죄다 남 못난 탓으로 돌리는 사람들이 있습니다. 사회생활에서는 대개 이런 사람을 '꼴 불견' 1위로 꼽는데 주저하지 않습니다. 동시에 이런 사람을 '가장 믿지 못할 사람'으로 꼽습니다. 그 사람에게 언제 뒤통수를 얻어맞을지 모르기 때문에 기피 인물로 낙인찍는 거지요. 이 대목에서 "스스로 드러내지 않으니 밝고, 스스로 옳다하지 않으니 빛난다. 스스로 뽐내지 아니 하니 공이 있고, 스스로 자만치 아니 하니 으뜸이 된다" 김용옥 풀이라고 한 노자의 통찰이 새삼 가슴을 칩니다.

아무리 큰 공을 세웠어도 자화자찬을 일삼으면 경멸을 살 뿐 아니라 종종 자신을 해치는 비수가 되어 돌아오기도 합니다. 그러나 그 공을 다른 사람의 노고로 돌리는 겸손의 덕을 베풀면 그 공이 몇

배로 다시 돌아올 뿐 아니라 널리 신망을 얻게 되지요. 물론 '정치적인' 겸손은 종종 비굴과 아첨의 경지로 떨어지기도 하지만 진심에서 우러나온 겸손은 자기를 더욱 빛내고 사람들을 감동시키기에 충분합니다.

《사기史記》 유협열전遊俠列傳에 곽해郭解라는 협객이 어떻게 교만을 경계하고 뭇사람들의 지지를 받았는지 그 지혜로움을 상세하게 기록하고 있습니다.

　곽해는 사마천과 동시대의 사람인데 비록 풍모도 보잘 것 없고 협객의 우두머리 노릇을 했으나 널리 사람들이 그를 두려워하면서도 우러러마지 않았다. 거기에는 다 까닭이 있었다.

　곽해의 조카누이의 아들가 있었는데, 그는 삼촌의 위세를 믿고 참으로 방자하게 놀았다. 한번은 한 남자를 억지로 술집으로 끌고 가서 우격다짐으로 술을 퍼 먹였다. 그 남자는 홧김에 그만 곽해의 조카를 칼로 찔러 죽이고 말았다. 곽해의 누이가 어서 살인자를 찾아 처벌하라고 곽해를 부추기고 있는 사이에 그 남자는 도망쳐봤자 소용없다고 생각하여 스스로 곽해를 찾아와 자초지종을 말했다. 곽해는 "과연 나라고 해도 죽일 수밖에 없었겠군!" 하며 그 남자를 놓아 주었다.

곽해가 행차할 때면 사람들은 모두 길을 비켰는데, 어느 날 한 남자가 길을 가로막고 서서 곽해를 노려보았다. 곽해가 부하를 시켜서 그 남자의 이름을 알아오게 했더니, 부하가 "저 놈을 죽여버릴까요?" 했다. 그러자 곽해는 "내 고을 사람인 그가 나를 업신여기는 것은, 내게 덕이 없는 까닭이지 그가 나빠서가 아니야" 하고 타이르고는 그길로 조용히 병역 담당 관리를 찾아가 "아무개는 내게 소중한 사람이니 병역 교체 시 명부에서 빼줄 것"을 정중하게 부탁했다. 그 남자는 매번 징집 통지서가 날아오지 않자 이상하게 여겨 관리에게 물어보았다. 그 연유가 곽해의 부탁 때문이라는 걸 알게 된 그 남자는 곽해에게 달려가 전날의 무례를 진심으로 사과했다.

어떤 사람이 낙양에서 남의 원한을 사서 곤란한 처지에 빠졌다. 낙양의 유력자가 몇 명이나 중재에 나섰지만 상대방에게 도무지 씨가 먹히지 않았다. 그 사람은 최후의 방법으로 곽해에게 도움을 요청했다. 곽해가 한밤중에 은밀히 상대방을 찾아가 진술하게 설득하자 마음을 돌려 일이 잘 마무리되었다. 일이 이쯤 되면 우쭐대며 자기를 자랑할 만도 하건만 곽해는 그와는 정반대로 처신했다.

"이번 문제는 당대의 쟁쟁한 유력자들이 중재에 나섰어도 해결되지 않았다고 들었는데, 미천한 제가 그들을 제치고 중재에 나서 문제를 해결했다고 하면 의리에 맞지 않기도 하려니와 그 유력자들의 체면이 땅에 떨어질 것입니다. 그러니 저의 중재는 거절한 것으로 하시고 다시 다른 유력자를 중간에 세워 타협한 것으로 해주시기 바랍니다."

과연 절묘하고도 명철한 배려가 아닐 수 없다. 물론 겸손의 미덕이 몸에 밴 탓도 있겠지만 사람의 마음을 사로잡는 지혜, 나아가 명철보신明哲保身의 지혜를 터득한 때문이기도 할 것이다.

참으로 뛰어난 재주나 훌륭한 업적은 주머니 속의 송곳과 같아서 아무리 감추려 들어도 드러나게 마련입니다. 그런데 굳이 스스로 그것을 드러내려 하여 빈축을 살 것은 뭐란 말입니까. 재주만 높고 어리석은 자는 늘 자기 무덤을 스스로 파는 법이지요.

예수도 "누구든지 자기를 높이는 자는 낮아지고 자기를 낮추는 자는 높아지리라마태복음"라고 하셨는데, 예나 지금이나 진리는 하나로 통하는 모양입니다. 누구든지 이 말씀을 가슴에 고이 새겨, 매사를 사리분별에 따라 공명정대하게 처리하고 다른 사람들을 존중하며 공명심功名心을 죽이고 겸손의 큰 덕을 베풀 일입니다.

남의 아픔을
나의 이익으로 삼지 마라

　아무리 많은 재물이나 높은 권력을 쌓아도 덕을 바탕으로 삼지 않으면 사상누각沙上樓閣일 뿐이라는 것은 역사가 말해주고 있습니다. 더구나 다른 사람의 아픔이나 불행을 깔고앉아 얻은 것이라면 그 재물이나 권력이 마침내는 자신을 해치고 말 것입니다.

　역사가 무수한 사례로 이를 증명하고 있지요. 권력자들에게 핍박받아온 백성의 봉기가 있을 때마다 백성의 고혈을 쥐어짜온 탐관오리나 지주들이 맨 먼저 응징을 받았습니다. 임금이라고 해서 예외는 아니었지요.

　'경주 최부자집' 이 수백 년 동안 만석꾼의 부를 유지하면서 존경받아온 비결도 오직 덕을 바탕으로 부를 창출하고 베풀어온 데 있지 않을까요. 이 집안의 가훈 가운데 "과거를 보되, 진사 벼슬을 넘지 말 것권력에 유착하지 말 것, 재산은 1만 석 이상 지니지 말 것탐욕을 절제할 것, **흉년에는 땅을 사지 말 것**남의 불행을 나의 이익으로 삼지 말 것, 사방 100리 안에 굶어죽는 사람이 없게 할 것인정 앞에서는 재물을 가벼이 여길 것" 등은 오늘을 사는 우리에게도 가슴을 치는 교훈이 아닐 수 없습니다.

기업의 일도 마찬가지겠지요. 다른 사람의 아픔을 엉덩이에 깔고 출세하거나 치부한 사람들 치고 그 종말이 아름다운 경우는 일찍이 없었습니다. 이른바 '인재' 도 다름 아닙니다. 능력이 출중하고 당장 써먹을 데가 많은 사람은 어느 선까지는 중용하여 부려먹습니다. 그러나 그 사람에게 인정이나 의리를 가장 중히 여길 줄 아는 덕, 즉 측은지심惻隱之心이 없으면 그를 결코 신뢰하지는 않습니다. 신뢰하지 못하면 누구든 그를 자기 대신으로 삼지는 않겠지요. 한마디로 크게 쓰지는 않는다는 말입니다.

다른 사람의 아픔 따위는 아랑곳하지 않고 오로지 출세나 재물만 탐하는 냉혹한 심성이 엿보이면 상사인 자신까지 다칠 것을 두려워하여 그를 경계하고 마침내는 내쳐야겠다는 결심을 하게 되지요. 인의仁義를 중시하는 상사는 그 인의를 지키기 위해 그에 반하는 사람을 경계하고, 야심으로 똘똘 뭉친 냉혹한 상사는 그가 자기를 밟고 넘어서는 것을 두려워하여 그런 사람은 경계하게 마련입니다.

또 그 밑에서 일하는 후배들은 그가 자기를 이용만 하고 버릴 것을 알기 때문에 진심으로 그를 따르지 않습니다.

드라마 〈불멸의 이순신〉에서 유성룡의 일갈이 가슴을 치는 장면이 나옵니다.

북병사 이일은 서인西人 사람이고, 이일의 휘하 녹둔도 만호 이순신은 서인들이 눈엣가시처럼 여기는 유성룡과 절친한 사이다. 이순신의 군대가 야인들과의 녹둔도 전투에서 중과부적衆寡不敵으로 대패한 일이 있는데, 이순신의 사전 지원 요청을 이일이 묵살한 사실이 나중에 밝혀져 선조의 노여움을 산 서인들은 일대 타격을 입었다. 그날 술집에 모여 앉은 동인東人들은 "마침내 임금의 어심御心이 우리에게 돌아왔다"고 희희낙락하며 "그때 녹둔도 전투에서 이순신이 대패한 것이 오히려 잘 되었다"는 망발을 서슴지 않았다. 바로 그 순간, 내내 잠자코 앉아 있던 유성룡이 술상을 뒤엎고 서릿발 같은 일갈을 내지르면서 문을 박차고 나갔다.

"무수한 우리 군사들과 백성들이 몰살당한 일이 오히려 잘되었다니요? 정치란 백성을 근간으로 하는 것인데, 백성을 희생양으로 삼아 취한 권력이 뭐란 말이요? 그대들이 의논하는 정치가 고작 그런 것이라면 나는 그대들과 한자리에 있을 수 없소이다."

한비의 《한비자韓非子》에는 인정을 중히 여기고 그것을 알아주는 사람들의 이야기가 전합니다.

노나라 대부 맹손은 사냥터에서 사로잡은 새끼 사슴을 비서로 일하는 진서파에게 주어 집으로 가져가게 했다. 어미 사슴이 슬피 울며 수레를 따라오는 것을 본 진서파는 차마 외면할 수 없어 새끼 사슴을 어미 품으로 보내주었다. 나중에 이 사실을 전해들은 맹손은 크게 노하여 진서파를 해고했다. 그러다가 자식에게 선생이 필요한 때에 이르러 맹손은 손수 시골까지 진서파를 찾아가 자식의 선생이 되어줄 것을 간곡히 청했다.

마부가 맹손에게 "전에 처벌하신 사람을 다시 불러들여 아드님을 지키도록 하신 뜻은 어디에 있습니까?" 하고 묻자 맹손은 "비록 미물일지라도 새끼를 잃은 어미 사슴의 슬픔을 헤아릴 줄 아는 심성이라면 하물며 사람 자식은 얼마나 귀하게 다루겠는가? 아비를 대신하여 자식을 맡기기에 그보다 적임자가 다시 있을 것인가?" 했다.

남의 아픔을 자신의 이익으로 삼지 않는 덕을 지닌 사람은 또한 공사(公私)를 분별하여 일을 처리하는 데도 누구보다 엄정할 것입니다. 공사의 분별이 흐트러지면 반드시 억울하게 아픔을 당하는 사람들이 생긴다는 사실을 알기 때문이지요.

어느 조직에서나 사람들은 한결같이 "일에 있어서는 능력이 출중하고 추상같으면서도 한편으로는 아랫사람들을 먼저 배려하고 따뜻하게 감쌀 줄 아는 인간미가 넘치는 사람"을 가장 존경하는 상사나 선배로 꼽습니다.

세상 만물에는
원래 주인이 없다

　지혜는 탐욕을 다스리는 데서 비롯합니다. 탐욕에 눈이 멀어 있으면 결코 지혜로울 수 없지요. 세상에 탐욕스럽고도 지혜로운 인간은 없습니다. 지혜로운 사람은 탐욕을 버림으로써 자신을 위기에서 구하지만 어리석은 사람은 탐욕 때문에 자신을 위기에 빠뜨립니다. "남의 손에 든 떡이 더 커 보인다"라든지 "99마지기 논을 가진 자가 1마지 가진 사람의 논을 빼앗아 100마지기를 채우려 한다"는 속담은 탐욕을 경계하는 말입니다. 사람 사이의 원한이나 비극은 바로 눈앞의 잇속만 챙기려는 사리사욕에서 비롯하지요.

　19세기 전반기, 당대의 인삼 상권을 한손에 쥐고 흔들었던 '인삼왕' 임상옥林尙沃은 '큰 장사꾼'으로 칭송받았습니다. 당시 조선 제일의 거부로 불릴 만큼 이재理財에 밝고 장사 수완이 뛰어난 그였지만 한 번도 재물 때문에 인심을 잃거나 원한을 사는 일이 없었습니다. 그는 오히려 그 재물에 얽매임이 없어 사람들의 마음을 사고 우러름을 받았지요. "재물을 재산으로 삼지 말고 사람을 재산으로 삼으라"는 스승의 가르침을 받들어 탐욕이 지혜를 가리는 일이 없도록 평생 경계하고 삼간 덕분이었습니다.

그가 재물을 가벼이 여김으로써 자신을 위기에서 구한 일화가 있는데, 인생을 살아가는 데 무엇이 정말 중요한지를 극적으로 보여주는 가르침입니다.

당시 임상옥이 조선 제일의 부자라는 것은 조선 팔도에 모르는 사람이 없었다. 하루는 멀리서 낯선 손님이 찾아와 거두절미하고 대뜸 "5만 냥을 꿔달라!"라고 청했다. 자신을 전라도 전주 감영의 이방으로 일하고 있는 사람이라고 소개했다.

임상옥은 찬찬히 그 자를 뜯어보았다. 초면에 꿔달라는 액수가 거액이기도 하려니와 그 돈을 마련하기 위해 전라도에서 의주까지 불원천리하고 걸어왔다는 사실에 기가 질렸다.

"전주에서 의주까지는 자그마치 2000리 길인데, 돈을 꾸러 예까지 오셨단 말이오?"

"5만 냥의 거금을 빌려줄 수 있는 사람이 조선 팔도에 임 상공 말고 또 누가 있겠습니까?"

"헌데 5만 냥이란 큰돈을 어디에 쓰려는 것이오?"

임상옥은 이방이란 자의 눈을 똑바로 쳐다보며 물었다.

"어쩌다가 전주 감영의 공금을 5만 냥이나 축내어 죽게 되었으
니, 임 상공께서 죽을 목숨 하나 살려주시오."

"그래요? 사정이 그러하시다니 빌려드려야지요."

임상옥은 사서司書를 불러 그 사람에게 5만 냥짜리 어음 한 장을
끊어주도록 했다. 이방이란 자가 돌아가고 나서 사서가 자못 의아
하고 억울하다는 표정으로 임상옥에게 물었다.

"어째서 정체도 불분명한 그런 자에게 대뜸 5만 냥씩이나 주셨습
니까?"

"그 사람 얼굴에 지독한 살기가 감돌더군. 만약 내가 5만 냥을 선
뜻 내놓지 않았다면 나도 죽고 그 사람도 죽었을 게야. 돈도 중하지
만 목숨과 바꿀 수는 없는 노릇 아니겠는가. 5만 냥으로 두 목숨 살
렸으니 너무 아까워할 것 없네. 서로 사는 길이 있는데 어찌 서로
죽는 길을 택할 것인가."

사서는 임상옥의 말을 듣고서도 믿기지가 않았다. 그래서 이방이
란 자의 뒤를 밟아 그가 묵고 있는 주막에 사람을 보내 은밀히 의중
을 떠보았다. 그런데 과연 그자는 가슴에 칼을 품고 있었으며, 만약

임상옥이 청을 거절하면 그 자리에서 사생결단死生決斷을 내려고 했다는 것이다.

역시 거상 임상옥의 안목은 남다른 데가 있었습니다. 절간의 화두話頭에 "달을 가리키는데 왜 달은 보지 않고 손가락만 보느냐?" 는 책망 어린 통찰이 있어요. 임상옥은 손가락재물만 보지 않고 달사람을 볼 줄 아는 혜안으로 위기에서 벗어난 것이지요.

참으로 근본을 살펴 그 근본을 지켜가기 어려운 세상입니다. 너무 돈, 돈 하고 출세만 밝히는 물신주의物神主義에 경도되어 무엇이 참으로 나를 이롭게 하고 나를 해롭게 하는 것인지를 살필 겨를이 없습니다.

장자가 통찰했듯이 세상 만물에는 원래 주인이 없습니다. 다시 말해 '내 것' 이란 없는 것이지요. 내 것이라 여겨지는 그 어떤 것도 내게서 잠시 머물렀다 갈 뿐일 테니까요. 우리 인생도 세상이라는 '여관' 에 잠시 머물다 시간이 되면 떠나야 하는 나그네일 뿐입니다. 그런데 하물며 눈앞의 작은 잇속 따위에 눈이 멀어 나를 위태롭게 할 일이 뭐란 말입니까. 누리는 만큼 소유하는 것이지 결코 소유한 만큼 누리는 것은 아니지 않겠어요.

나의 흥망이
모두 내게 달려 있다

생사를 제외하고 나에 관한 모든 것은 나로부터 비롯하고 나에게로 귀결됩니다. 그런데도 사람들은 걸핏하면 다른 사람을 탓하고 하늘을 원망하지요. 물론 여기에도 타당한 이유야 있겠지만 먼저 자신을 돌아보고 그 안에서 문제를 찾아야 할 것 아닌가 싶어요.

남을 탓하거나 하늘을 원망하는 중에 나중에라도 자기를 돌아보게 되면 그나마 다행이겠지만 사람들은 좀처럼 자기의 허물을 인정하려 들지 않지요. 늘 문제의 원인을 자기 안에서 찾아 개선하려 하지 않고 밖으로 돌리기 때문에 좀처럼 제자리를 벗어나지 못하는 겁니다. 물론 적은 사방에 널려 있지만 나를 망치는 최대의 적은 바로 내 안에 숨어 있습니다. 내 인생을 망치고 싶지 않으면 먼저 나 자신을 성찰해야 하겠지요.

20여 년 전, IMF 구제금융 사태를 전후로 참 믿기지 않는 많은 일들이 벌어졌습니다. 나라가 어지러우니 기업이든 개인이든 롤러코스터를 타는 일이 흔했지요.

어떤 평범한 샐러리맨이 있었다. 증권사에 근무하던 그는 IMF 구제 금융 사태 당시 구조조정으로 실직했다. 그는 이미 그 전에 주식 투자로 적잖은 빚을 지고 있어서 퇴직금과 집을 판 돈으로 빚을 갚고 나자 알거지가 되었다. 생각다 못한 그는 안면 있는 명동 사채업자를 찾아가 1억 원을 맡기면 6개월 내에 50퍼센트의 수익을 올려주겠다고 했다.

운이 좋은 그는 주식시장 활황을 타고 3개월 만에 100퍼센트의 수익을 올려주고 수수료로 수익의 절반인 5천만 원을 받았다. 그는 그 5천만 원을 창업하는 벤처기업에 분산 투자했다. 투자한 벤처기업마다 '대박'이 터졌다. 그러자 여기저기서 그에게 돈을 맡겨오기 시작했다. 그의 재산은 2년도 안 되어 100억 원을 넘어섰다. 그는 갑부가 되었지만 그때까지도 단칸 셋방에서 검소하게 살았다. 그런데 주위에서 그를 부추기기 시작했다. 부자면 부자답게 폼 나게 살아야지 그게 무슨 궁상이냐고. 그래서 그는 20억 원짜리 빌라를 사서 이사하고 1억 원이 넘는 벤츠를 뽑아 폼 나게 타고 다녔다.

그러자 그의 돈을 우려먹으려는 파리들이 들끓었다. 그는 하룻밤 술값으로 몇 백만 원씩 우습게 뿌리고 다녔다. 날마다 주색잡기에 빠진 그는 가정을 돌볼 시간이 없었다. 문제는 거기서 그치지 않았다. 그토록 소박하고 알뜰하던 그의 아내도 몰라보게 달라졌다. 1,000만 원이 넘는 가구를 사들이고 몇 백만 원짜리 옷을 수시로 갈아입었으며, 친구들을 만나 점심 값으로만 수십 만 원을 우습게 뿌리고 다녔다. 예전에는 남편이 술에 취해 들어오면 "일도 좋지만 당신 건강이 우선"이라며 꿀물을 타주던 다정한 아내가 이제는 "어떤 년과 놀아나느라 이제 들어오느냐"라며 고래고래 악을 써댔다. 아내뿐만 아니라 아이들도 함께 망가져갔다. 예전에는 짜장면 한 그릇만 사주고 용돈으로 1,000원짜리 몇 장만 쥐어주어도 "우리 아빠 최고"라며 눈물 나게 고마워하던 아이들이 이제 10만 원짜리 수표가 아니면 거들떠도 보지 않고 100만 원이 넘는 게임기를 사달라고 당연한 듯 요구하게 되었다. 생각해보니 몇 개월째 온 가족이 오순도순 모여앉아 함께 저녁식사를 하거나 대화를 나눠본 기억이 없다. 주체를 못 한 돈 때문에 어느덧 그의 가정은 풍비박산이 나고 말았다. 그는 그 사실을 1년이 지난 다음에야 깨닫고 회한의 눈물을 흘렸다. 그러나 단란했던 가정을 되찾기에는 이미 늦어 있었다. 그는 여전히 돈이 많았지만 비참한 지경에 빠진 자기 신세를 발견

하고 망연자실할 수밖에 없었다. 자기 자신을 배반한 대가가 그토록 혹독할 줄은 미처 몰랐다. 가까스로 마음을 다잡은 그는 호화 주택과 외제차를 팔고 주색잡기를 멈췄다. 그는 아직도 치명적인 상처를 치유하기 위해 근신하고 있지만 완치되려면 더 오랜 시간이 걸릴 것 같다.

자기를 배반한다는 것은 곧 자아의 상실을 뜻합니다. 자아를 상실하는 순간 그 무엇의 노예로 전락하게 되지요. 노예가 되면 자기를 주장할 수 없게 됩니다. 지옥이든 연옥이든 흘러가는 대로 자기를 맡길 뿐이에요. 자신을 속이면 반드시 그 대가를 치르게 됩니다. 셰익스피어의 《햄릿》가운데 햄릿이 자신의 나약한 마음을 한탄하는 다음과 같은 독백이 나옵니다. 실제로는 햄릿이 아버지의 원수를 두고 갈등하는 심정을 표현한 것이지만 상황의 한계를 뛰어넘어 오늘을 사는 우리 모두 음미할 만합니다.

생활의 고통에 시달리며 땀범벅이 되어 신음하면서도, 사후의 한가닥 불안 때문에, 죽음의 경계를 넘어서 돌아온 이가 한 사람도 없기 때문에, 그 미지의 세계에 대한 불안 때문에 우리의 결심은 흐려지고, 이 세상을 떠나 또 다른 미지의 고통을 받기보다는 이 세상에 남아서 현재의 고통을 참고 견디려 하는구나. 사리분별이 우리를 겁쟁이로 만드는구나. 이글이글 타오르는 타고난 결단력이 망설임으로 창백해지고, 침울해진 탓으로 마냥 녹슬어버리는구나. 의미심장한 대사업도 이 때문에 샛길로 잘못 들고 실천의 힘을 잃게 되는구나.

자기를 배반한다는 것은

곧 자아의 상실을 뜻합니다.

자아를 상실하는 순간

'그 무엇의 노예'로 전락하게 되지요.

노예가 되면 자기를 주장할 수 없게 됩니다.

지옥이든 연옥이든 흘러가는 대로

자기를 맡길 뿐이에요.

자신을 속이면

반드시 그 대가를 치르게 됩니다.

5장

인생을 살아가는 데 필요한 것들

잘 듣지 않으면
잘 말할 수 없다

    귀는 굳게 닫혀 있고 입만 열려 있는 곳에는 늘 다툼이 일게 마련입니다. 먼저 상대방을 이해하기보다는 나를 이해시키려는 아우성 때문에 늘 시끄럽지요. 상대방이 아무리 열심히 떠들어도 어서 자기 말을 하고 싶은 욕심이 앞서 한마디도 귀에 들어오지 않습니다.

    친구들 모임 자리나 부서의 회식 자리 같은 술자리에서는 내내 자기 말만 늘어놓는 사람이 한둘 있게 마련입니다. 그 사람의 장광설이 만리장성을 쌓아가고 있는 사이, 사람들은 각자 자기 앞사람이나 옆 사람과 소곤거리지요. 아무도 듣는 사람이 없는데도 그는 여전히 침을 튀겨가며 떠들고 있습니다.

    "저 인간, 또 시작"이라고 눈을 흘기던 핀잔도 이제는 사라졌습니다. 다들 포기한 것이지요. 늘 자기 말만 길게 늘어놓는 사람 치고 새롭거나 영양가 있는 이야기를 하는 경우는 드물지요. 대개는 자기 자랑 아니면 남 험담이 자리마다 반복되게 마련인데, 정말 생각만 해도 끔찍합니다. 종종 여기저기서 주위들은 '개똥철학' 이 난무하기도 하는데, 그래도 그런 건 참고 들어줄 만하지요.

말을 많이 하는 것과 말을 잘하는 것은 전혀 다릅니다. 말을 많이 하는 사람이야말로 말을 가장 못 하는 사람이지요. 말을 가장 잘 하는 비결은 '상대방의 말을 가장 잘 들어주는 것' 이기 때문입니다.

정신과 의사들도 치료의 가장 중요한 수단으로 '환자의 얘기를 충분히 들어주는 것' 을 듭니다. 사람들은 본능적으로 상대방이 자기 얘기에 귀를 기울여주기를 바랍니다. 또 그런 사람을 좋아하고 신뢰합니다. 그래서 "말 많은 사람 치고 믿을 사람 없다"고들 하는가 봅니다.

시몬 수사는 우리 모두에게 각자의 경력과 피정避靜에 참여한 이유를 간략하게 소개하도록 했다. …… 내 앞 순서에서는 킴이라는 여성이 자신에 대한 이야기를 시작했지만 나는 그녀의 얘기를 듣고 있을 수 없었다. 내 차례가 되었을 때 무슨 이야기를 할 것인지 생각하느라 정신이 없었기 때문이다.

그녀의 순서가 끝났을 때 시몬 수사는 내게 이렇게 물었다.

"존, 당신의 얘기를 시작하기 전에 킴이 왜 피정에 참여하게 되었는지 요약해서 대답해 주시겠습니까?"

순간 나는 그 질문에 당황하여 피가 거꾸로 솟는 듯했다. 이 상황을 어떻게 모면할 것인가? 사실 나는 킴의 소개 내용을 한마디도 듣지 못했다.

"부끄럽지만 킴이 한 말을 제대로 듣지 못했습니다."

나는 더듬거리며 고개를 숙였다.

"미안합니다, 킴."

"솔직하게 말씀해 주셔서 고맙습니다, 존."

수사가 말했다.

"경청하는 태도는 리더가 반드시 계발해야 할 중요한 기술입니다. 이번 주 우리는 이를 주제로 많은 이야기를 나누게 될 것입니다."

제임스 C. 헌터의 《서번트 리더십》에 나오는 한 장면입니다. 누구나 한 번쯤 경험했음직한 상황이지요. 사실 다른 사람의 얘기를 잘 듣고 정확하게 이해해야 나 또한 정확하게 반응할 수 있습니다.

전에는 TV 심야 토론 방송을 종종 시청하곤 했는데 그때마다 참을 수 없는 짜증이 치밀더군요. 이건 토론도 아니었어요. 토론이 이루어지려면 일단 상대방의 말을 경청해야 하는데, 상대방의 말을 들어주려는 사람은 아무도 없었으니까요. 심지어는 비웃기까지 합니다. 저는 그 사람이 흘리는 입술 근육의 미세한 움직임에서 그 비웃음을 어렵잖게 포착해요. 팔짱을 끼고 아예 딴청을 부리는 사람도 있고요. 그러니 서로들 100분 동안 자기 얘기만 앵무새처럼 반복하다가 끝날 수밖에요. 그렇게 반복하는 얘기가 지겹지도 않은지 다들 몇 초라도 더 떠들려고 말꼬리를 붙들고 늘어집니다. 사회자는 그걸 말리느라 진땀을 빼지요. 의견을 주고받으며 해답을 찾아가는 토론장이 아니라 오로지 나만 옳고 너는 그르니까 내 말에 항복하라고 윽박지르는 전쟁터를 방불케 합니다.

혹시 내가 그런 사람은 아닌지 늘 경계하고 돌아볼 일입니다. 대개 말 많은 사람 치고 다른 사람이 말을 많이 하는 것을 좋아하는 사람은 없습니다. 비록 말없이 장황하게 되풀이되는 당신의 말을 듣고 앉아 있는 사람이라도 당신의 말이 마냥 즐거워서 그렇게 듣고 있는 것이 아닐 거예요. 사실은 초인적인 인내심을 발휘하고 있는 것일 테지요. 어디서든 환영받는 사람이 되려거든, 진정으로 배우고자 하거든 먼저 다른 사람의 얘기에 귀를 기울이세요. 말은 귀로 듣는 것이 아니라 마음으로 듣는 것이라 하더군요. 그래야 상대방도 내 말을 마음으로 들어줄 테니까요. 그러고서야 비로소 말이 아니라 "마음을 나눈다"라고 하는 것입니다.

내게 남아 있는 것을
먼저 생각하기

사업을 하다가 망하거나 주식에 투자했다가 거덜이 나거나 보증을 잘못 섰다가 빚을 떠안게 되면 흔히 "내 인생 깡통 찼다"라고 한탄합니다. 저도 숱한 실패를 겪어보았으니 어찌 그 심정을 모를까요. 하지만 인생이 깡통을 차다니요? 비록 통장이 바닥나고 빚 좀 졌기로서니 그 인생마저 송두리째 깡통을 찼다고 절망한다면 세상에 살아남아 있을 사람이 몇이나 될까요?

사람들은 대개 자신이 얼마나 많은 것을 가지고 있는지 제대로 계산할 줄 모릅니다. 그 계산이란 기껏해야 통장계좌에 얼마나 남아 있는지, 일전에 사놓은 주식의 주가나 지금 살고 있는 아파트 값이 얼마나 올랐는지, 내년 연봉 협상에서는 얼마를 더 받을 수 있을 것인지, 이번 명절 비용으로 얼마나 나갈 것인지 따위에 머물고 말지요. 그렇다면 그것들 말고 내가 무엇을 더 갖고 있는지 곰곰 따져 본 적 있나요?

한 중년의 남자가 수심이 가득한 얼굴로 우두커니 공원 벤치에 앉아 있었다. 지나가던 노인이 옆자리에 앉으면서 말을 건넸다.

"무슨 슬픈 일이라도 있는 게요?"

"저의 모든 것이 끝장났습니다. 사업에 실패하여 집이고 뭐고 모 두 말아먹고 말았어요. 이 나이에 다시 시작할 희망도 용기도 없습 니다."

그는 지독한 상실감에 빠져 있었다. 노인은 메모지와 볼펜을 꺼 내더니 그에게 말했다.

"자, 그래도 뭔가 남아 있을지 모르니 한번 적어봅시다."

"모두 부질없는 일이에요."

"부인이나 자녀들이 있나요?"

"아내는 어려운 가운데서도 큰 힘이 되어준 고마운 사람이지요. 아이들은 아빠가 잘 돌보지는 못했지만 반듯하게들 컸어요."

"친구나 건강은 어때요?"

"그래도 도와주겠다는 친구가 있었어요. 건강도 아직은 웬만하 고요."

"당신은 모든 것을 잃었다고 하지만 아직 소중한 것들은 그대로 간직하고 있군요."

노인은 메모지를 건네주며 격려했다.

"자, 이것을 가지고 새롭게 출발하세요."

종이를 건네받은 그는 노인의 손을 힘껏 부여잡았다.

선현들은 흔히 부모의 죽음을 '천붕지괴天崩地壞'라 하여 "하늘이 무너지고 땅이 꺼지는 슬픔"으로 표현했으며, 자식의 죽음을 '참척慘慽' 또는 '단장지애斷腸之哀'라 하여 "너무 참혹하여 창자가 끊어지는 애달픔"으로 표현했지요. 그러나 재물이나 권력, 명예의 상실을 이처럼 지극한 슬픔으로 표현한 예는 찾아보기 어렵습니다. 우리는 지금껏 지극히 '하찮은' 것들을 잃고도 "모두 잃었다"며 비통해하고, 지극히 소중한 것들을 모두 지니고도 "아무것도 지닌 게 없다"며 한탄하며 살아오지는 않았는지 돌아볼 일입니다.

주위를 돌아보면 참담한 실패를 거듭하고도 아직 남아 있는 소중한 것을 밑천 삼아 끝내 성공에 이른 사례를 얼마든지 찾아볼 수 있습니다. 실패나 불행은 받아들이기 나름 아닐까요? 그 엄연한 현실을 받아들이지 못하게 되면 자기 자신이 견딜 수 없이 초라해지고 비참한 기분에 빠지고 말겠지요. 새롭게 일어설 수 있는 힘은 이미 일어난 실패나 불행을 담담하게 자기 인생으로 받아들이는 데서 비롯합니다. 바로 이런 사람이야말로 진실로 용기 있는 사람이지요. 그런 의미에서 프랑스의 사상가 라 로슈푸코의 다음과 같은 통찰은 가슴 깊이 새겨들을 만합니다.

무엇이 큰 불행이고 무엇이 큰 행복인가? 본시 불행과 행복은 그 크기가 미리 정해진 것이 아니다. 다만 그것을 받아들이는 사람의 마음에 따라 작은 것도 지극히 커지고 큰 것도 지극히 작아질 수 있다. 현명한 사람은 큰 불행도 작게 처리하고, 어리석은 자는 작은 불행도 현미경으로 확대하듯 하여서 스스로 절망에 빠진다.

아함阿숨 경전 가운데 《법구경法句經》에는 "살고 죽는 것의 괴로운 생각에 집착하지 마라"라고 이르고 있습니다. 마땅히 해야 할 일을 다 한다면 구태여 다시 살기를 바랄 것도 없는데, 사람들은 살고 죽는 것에만 붙들려 있기 때문에 도리어 능히 할 수 있는 일조차도 하지 못한다는 것입니다. 생사를 떠나면 세상에 이루지 못할 일이 어디 있을까요. 물론 범인凡人의 경지는 아니라며 도리질을 하겠지만 모든 것은 마음이 정할 바일 따름인데 미리 안 된다며 자신의 한계를 지을 것은 없지 않겠어요.

지금 하고 있는 일에
최선을 다하기

5대 독자 외아들에 초등학교도 다녀보지 못한 그는 일가친척 하나 없이 열다섯 살에 고아가 되었습니다. 고졸에 군필자가 입사 지원 자격으로 내걸린 대우중공업에 입사하기 위해 이력서를 내려고 경비원과 실랑이를 벌이다가, 이를 본 사장의 배려로 면접은 봤지만 사원 선발에서는 떨어지고 사환으로 들어가 회사 생활을 시작했습니다.

매일 5시에 출근하여 회사 안팎을 거울처럼 쓸고 닦았습니다. 하루는 사장이 "왜 그처럼 일찍 나와서 마당을 쓰느냐?"라고 묻자 "왜 긴요. 출근하는 사람들 기분 좋으라고 그러지요" 하고 활짝 웃는 얼굴로 싹싹하게 대답했습니다. 그랬더니 그 다음 날로 정식 기능공으로 승진되었습니다. 몇 년이 지나도록 계속 5시에 출근하여 열정적으로 일했더니 반장으로 승진되었습니다.

그 당시 정밀기계를 가공할 때 온도가 1℃가 변하면 쇠가 얼마나 변하는지 아는 사람은 그밖에 없었습니다. 그에 관한 자료를 찾으려고 샅샅이 뒤졌지만 아무데도 없어 결국 공장 바닥에 모포를 깔고 밤을 낮 삼아 30개월을 연구한 끝에 그 답을 찾아 '온도치수가공조견표'를 만드는 데 성공했습니다. 그는 이런 열정으로 정밀기계 분야에서 세계 최고 전문가가 되었습니다.

그가 처음 정식 기능공이 되었을 때, 호랑이 선배가 기계를 먼지 하나 없이 닦으라고 시켰습니다. 그래서 그는 군말 없이 2,600여 개의 부속을 모두 뜯어 말끔하게 닦았습니다.

그렇게 6개월이 지나자 선배들의 호칭이 "야, 이 새끼야"에서 "이보게, 김군"으로 바뀌었습니다. 그 후론 여기저기서 서로 '내 기계 좀 봐달라'며 대접이 사뭇 달라졌습니다.

어느 날인가는 난생 처음 보는 컴퓨터를 뜯어 물로 닦는 사고를 치고 말았습니다. 그래서 그는 '책을 보며 공부를 해야겠다' 결심하고 머리를 싸맸습니다. 각종 국가기술자격시험에서 9전 10기, 6전 7기의 집념을 보였으며 운전면허 시험에서는 무려 10전 11기의 기적을 연출했습니다. 사람들은 그런 그를 '새대가리'라고 비웃었지만, 현재 그는 국내 1급 자격증 최다 보유자입니다.

이뿐이 아닙니다. 그는 학원 근처에도 가본 적이 없지만 5개 국어를 구사합니다. 놀랍지요. 하지만 비결은 간단합니다. 무조건 하루 한 문장씩 외우는 겁니다. 그렇게 배운 외국어가, 그냥 인사 정도 나누는 실력이 아니라 외국인에게 자기 분야에 관해 설명할 수 있을 정도라니, 학교 10년 학원 수년을 다니고도 영어 하나 변변하게 구사하지 못하는 '가방 끈 긴 사람들'을 부끄럽게 합니다. 그렇게 자그마한 자갈이 하나씩 쌓여 마침내 거대한 둑을 이루고 산이 된 것입니다.

무엇보다 그는 아이디어맨으로 명성이 자자합니다. 제안 2만 4,000천여 건에 국제발명특허가 62건이나 되지요. 그는 정밀기계 장인匠人으로서 끊임없이 개선을 추구합니다. 어떤 때는 석 달을 고민하다 꿈에서 해답을 얻을 정도였습니다. 얼마나 간절했으면 귀신이 다 도왔을까요. 얼마 전에는 새로운 자동차 윈도 브러시도 발명했습니다. 영화〈타이타닉〉에서 배가 물살을 가르는 걸 보고 구상한 아이디어라고 합니다. 이 아이디어로 브러시 1개당 100원의 로열티도 받게 되었습니다. 놀면서도영화를 보면서도 새로운 가치를 생산해내는, 정말이지 못 말리는 사람입니다. 그의 몰입은 지독합니다.

정민 교수의 《미쳐야 미친다不狂不及》에 등장하는 김득신金得臣, 조선 중기의 시인은 책 한 권을 적게는 수천 번에서 많게는 수만 번을 되풀이 읽어 그 뜻을 깨쳤다 합니다. 그 사람이 바로 이짝이지요. 그는 심청가를 1천 번 이상 듣고 완창하게 되었다고도 합니다.

그는 "바로 지금 하고 있는 일에 최선을 다 하라"라고 말합니다. "부처님께 공양을 드리는 마음으로, 자기 일에 목숨을 걸라"고 말합니다. "자기 분야에서 정상에 서게 되면, 굳이 부귀영화를 좇지 않더라도 길가에 핀 꽃조차 다 돈이 된다"고 말합니다.

그의 삶은 하나의 신앙입니다. 그는 아침마다 부인과 맞절을 합니다. 그의 말 한마디 한마디는 모두 그가 치열하게 살아온 삶입니다. 그래서 그의 특강은 사람들을 울리고 웃기면서 고압 전류보다 더 강하게 감전시킵니다. 그의 인생이야기를 듣고 있으면 피터 드러커나 지그 지글러도 공허하고, 찬란하게 도금된 성공과 행복에 관한 모든 언어가 남루해집니다.

이상은 대우중공업 김명환 명장名匠의 이력서이자 자서전입니다. 벌써 10년도 넘은 얘깁니다. 여기에 더 무슨 말을 보탤 수 있을까요? 이런 인생을 보면 삶의 진정한 의미는 결과보다는 과정에 있다는 실감이 납니다. 그 과정을 즐기고 그 과정에 몰입하는 사람은 틀림없이 지금보다는 훨씬 나은 결과를 낳을 수 있을 테지요.

뱀들도 해마다 묵은 허물을 벗고 나무들도 봄이면 새 옷으로 갈아입습니다. 환경을 탓하기 전에 늘 자기가 있는 자리를 빛내기 위해 생각을 짜내고 묵은 타성을 벗어던지는 노력이 앞서야 하지 않을까요.

자리가 사람을
만드는 것이 아니다

　흔히 "자리가 사람을 만든다"고들 하지요. 그렇게 보이는 것일 테지 설마 그러기야 하겠어요. 얼마나 많은 사람들이 자기 자릿값을 못한 채 몰락했는지 보면 알잖아요. 어느 별 볼 일 없어 보이던 사람이 회사 대표 자리에 오르자 전혀 다른 사람이 되어서 한껏 빛나는 경우에 우리는 그러죠.

　"허~ 자리가 사람을 만든다더니……."

　하지만 분에 넘치는 자리에 올라 그 자리를 감당하지 못하고 망신을 당하는 사람이 더 많은 걸 보면 그렇지도 않은가 봐요. 원래 그런 자질이나 능력을 갖춘 사람이 비로소 자기 자리를 찾은 것이겠지요. 사람이 자기 자리를 찾은 것이지, 어찌 자리 따위가 사람을 만들겠어요.

윗사람이 시키는 일은 지시한 그대로 틀림없이 해내지만 그 밖의 일은 아예 생각지도 않는 사람들은 대개 세 부류로 나뉩니다. 하나는 자기 스스로 판단하고 일을 만들고 추진할 자신감이 없는 경우이고, 다른 하나는 능력이 있음에도 불구하고 괜히 시키지 않은 일을 벌여서 고생은 고생대로 하고 욕이나 먹지 않을까 두려워하는 경우입니다.

마지막은, 자기는 그런 일이나 하고 있을 사람이 아니며 언젠가 더 중요한 일을 할 사람이라는 생각으로 가득 찬 경우입니다. 세 경우 모두 안일하기는 마찬가지입니다. 회사나 상사에 대해 안일하기에 앞서 자기 자신과 자기 일에 대해 안일한 것입니다.

직업상담사 정연식은 《직장인, 프로 vs 포로》에서 샐러리맨을 직장인형현재의 직장에서 열심히 노력하여 이사나 사장 자리까지 오르겠다는 유형, 직업인형자기 분야에서 최고 전문가가 되겠다는 유형, 기업가형결국은 자기 사업을 한다는 유형으로 나눠 설명하고 있는데, 저는 여기에 '호구지책糊口之策형 샐러리맨'을 하나 더 추가하고 싶습니다. 시키는 일 외에는 할 생각도 없고 아무 일도 못하는 사람이 바로 그런 유형에 속하지 않을까요.

물론 업무에 아무 관련도 없는 엉뚱한 일을 저질러 분란을 일으키라는 얘기는 아닙니다. 아무리 시켜서 하는 일이지만 창의적이며 적극적으로 수행하면서 그 일의 방법론을 끊임없이 개선시키고 부가가치를 높이라는 것이지요. 그러기 위해서는 먼저 자기가 맡은 일의 성격을 완벽하게 꿰뚫고 있어야 합니다. 그런 다음 상황을 장악하고 일을 주도적으로 수행해야 겠지요. 그리고 가장 중요한 것은 그 일을 즐기는 것입니다.

이왕 해야 할 일을 마지못해 하는 시늉을 낼 것은 없지 않아요. 그렇다면 얼마나 서글픈 인생이겠어요. 그렇게 사는 인생에 즐거운 시간은 그 언제일까요? 하루 종일 눈치 보느라 바쁘고, 이리 저리 치이다가 퇴근해서는 술잔에 빠져 무너지는 삶에 언제 쨍한 볕이 들까요? 마크 샌번의 《우체부 프레드》를 한번 보실래요?

프레드는 자기가 맡은 구역의 사람들에게 친절하게 인사를 하면서 그들의 라이프 사이클을 일일이 파악했다.

가령 《우체부 프레드》의 저자 샌번 같은 경우에는 장거리 여행이 잦아 일주일씩 집을 비우는 일이 잦으므로 우편함에 우편물이 쌓여 넘치게 마련이다. 그렇게 되면 도둑의 표적이 되기 십상이다. 그것을 염려한 프레드는 샌번에게 오는 우편물 가운데 작은 것만 우편함에 집어넣고 큰 것은 현관문 아래로 밀어넣어 밖에서 보이지 않도록 했다. 게다가 큰 상자로 오는 우편물은 자기가 보관하고 있다가 샌번이 집에 오는 날에 맞추어 본인에게 직접 전달했다.

그뿐 아니다. 우편물을 배달하면서 현관에 부착된 광고물을 떼어내고, 길거리에 흩어진 신문지도 치우고, 아무렇게나 뒹구는 재활용 쓰레기통까지 정돈해놓았다. 우편물을 배달하는 일은 그에게 더없는 즐거움이었고 고객들은 모두 그의 소중한 친구였다. 그렇게 하여 프레드는 최고의 우체부가 되었고 전 미국을 감동시켰으며, 이제 그 감동은 전 세계로 퍼져가고 있다. 바로 이런 게 진정한 성공이다.

가장 훌륭한 우체부로 기억되는 프레드의 성공 비결은 단지 그 일을 '즐겼다'는 것이지요. 그가 월급을 받는 대신 맡은 의무는 할당된 우편물을 주소대로 우편함에 정확하게 집어넣으면 되는 것입니다. 그러나 그는 그런 의무감만으로 일하지는 않았어요. 그의 동료들은 물론 우편물을 받는 고객들에게까지 그의 관심과 배려, 사랑과 정성을 확장시켰지요. 스스로 자기 일의 부가가치를 높인 것입니다.

어디서든 그 자리에서 최선을 다한다면 더 좋은 기회는 자연히 따라오게 마련이에요. 열정을 가지고 몰입하면 아무리 하찮아 보이는 일이라도 얼마든지 중요한 일로 만들 수 있고, 결국 그 일이 전체를 빛내게 됩니다. 당신도 프레드처럼 일한다면 굳이 직장인 유형이니 직업인 유형이니 할 것 없이 자기 분야에서 최고가 될 것이며, 원한다면 사업가로도 틀림없이 성공할 수 있을 것입니다.

고난을 함께 나눌 친구,
누구인가

여러분, 친구 많나요?

아, 많다고요.

어떤 친구들인가요?

내 처지가 영화롭고 풍족할 때는 굳이 애쓰지 않아도 주위에 사람이 넘쳐나고 너도나도 친구 삼자고 달려드는 법이지요. 언제라도 부르면 버선발로 뛰쳐나와 기꺼이 술친구가 되어주고 말벗이 되어줍니다. 그러나 그들 모두가 과연 진정한 친구일까요? 내가 나쁜 길로 빠지고 있을 때 나를 질책하고 바로잡아 줄 사람이 그 가운데 몇이나 될까요? 오히려 타락의 길로 빠지도록 나를 부추기지는 않는가요? 내 처지가 쓸쓸해지고 곤궁해졌을 때, 누군가의 도움이 절실히 필요하게 되었을 때 과연 그들 중 몇 사람이나 내 곁에 남아 나를 위로하고 더불어 아픔을 나눌까요?

'세상에 영화榮華를 함께 누릴 친구는 많아도 고난苦難을 함께 나눌 친구는 드물다'는 말이 왜 생겼을까요. 더불어 향락을 탐닉할 친구는 흔해도 더불어 인생을 궁리할 친구는 드물지요. 세상에 친구를 가장하여 나를 망치려 드는 사람이 얼마나 많아요. 가만 생각해 봐요. 나를 망치는 것으로 자기 이익을 구하는 사람은 친구가 아니라 적이에요. 나를 훔쳐먹는 도적 말이에요. 하지만 그런 도적을 친구로 여기는 경우가 의외로 많더군요.

이제 당신의 인생 노트에 친구라고 생각되는 사람들 이름을 모두 적어보세요. 그 가운데 고난을 함께 나누리라 믿기는 친구, 세상이 나를 뭐라고 하든지 허물을 감싸주고 믿어주고 용서해줄 수 있는 친구가 몇이나 있나요? 그 이름에 동그라미를 쳐보세요.

옛날 철없는 아들을 둔 아버지가 있었다. 그 아들은 허구한 날 여러 친구들과 어울려 주색잡기에 날 새는 줄 몰랐다. 아무리 타일러도 그때뿐이고 도락道樂에 빠져 헤어날 줄 몰랐다. 보다 못한 아버지는 어느 날 아들을 불러 숙연하게 물었다.

"애야, 지금 너와 어울리는 친구들 가운데 생사고락生死苦樂을 함께할 수 있는 사람이 몇이나 되느냐?"

"아버님, 그들 모두 저와 생사고락을 함께 하기로 맹세한 사이입니다. 모두 저의 진정한 친구들입니다. 그러는 아버님께서는 그런 친구가 몇 분이나 있으신지요?"

"그렇다니 다행이구나. 내게 그런 친구는 딱 한 사람뿐이란다. 정말 그런 친구가 몇이나 되는지 우리 한번 알아보자꾸나."

그날 밤, 아버지는 죽은 돼지를 헝겊으로 둘둘 말아 사람 시체처럼 꾸며서 아들에게 들쳐메도록 했다. 그런 다음 그 친구들을 한 사람씩 찾아가 이렇게 부탁하도록 했다.

"이보게, 내가 어쩌다가 실수로 사람을 죽이고 말았다네. 이 노릇을 어찌 했으면 좋겠는가. 좀 도와주게!"

그러나 찾아가는 친구들마다 "이보시오, 나는 당신이 누군지 모르오. 그러니 어서 썩 꺼지시오" 하고는 모질게 대문을 닫아버렸다. 아들의 그 많은 친구 중 어느 누구도 도와주기는커녕 아는 체도 하지 않았다.

이번에는 딱 한 사람 있다는 아버지의 친구를 찾았다. 그러자 그 친구는 "어허, 이 사람 어쩌다가 그리되었는가? 어서 들어오게. 함께 방법을 찾아 보세나." 하며 자기 일인 양 염려하며 아버지와 아들을 집으로 청해 들였다.

친구 집으로 들어간 아버지는 친구에게 자초지종自初至終을 얘기하고 놀라게 한 것을 사죄했다. 그러자 친구는 밤늦은 시간인데도 술상을 들였다. 아버지는 아들에게 술을 따라 권하며 나직이 물었다.

"아직도 생사고락을 함께 할 친구가 남아 있느냐?"

아들은 부끄러움에 몸 둘 바를 몰라 하며 머리를 숙였다.

"아버님, 그동안 제가 어리석어 높은 가르침을 알아듣지 못했습니다. 그 벗하는 친구를 보면 그 사람이 어떤 사람인지 알 수 있다는 말씀을 이제 비로소 알아들었습니다."

공자는 "정직한 사람, 진실한 사람, 식견이 높은 사람을 벗으로 삼으면 유익하나, 형식만 차리는 사람, 대면할 때만 좋아하는 사람, 말재주만 호화로운 사람을 벗으로 삼으면 해롭다"라고 했습니다. 한마디로 벗을 사귐에 있어 교언영색巧言令色을 경계한 것이지요.

세상에는 함께 나쁜 짓을 일삼으면서 사귄 친구, 함께 도락을 일삼으면서 사귄 친구, 고난을 나누면서 사귄 친구, 일을 함께 하면서 사귄 친구, 의기義氣가 투합하여 사귄 친구, 도움을 주고받으면서 사귄 친구, 이웃하여 살면서 사귄 친구 등 별의별 친구가 다 있지요. 그러나 못났든 잘났든, 가난하든 부자든, 벗을 사귈 때는 적어도 살펴서 삼가야 할 금도가 있습니다.

묵자의 말처럼 '올바른 도리를 돈독하게 지키지 못하며, 사물을 널리 분별하지 못하며, 시비是非를 살펴 분간하지 못하는 자'는 더불어 어울릴 사람이 되지 못하겠지요.

그리고 또 명심하세요. J. 레이영국의 박물학자의 통찰처럼 "잔치는 결코 우정을 만들지 못합니다."

멈춰 서서 인생의 숲을
돌아보는 여유

숲속에만 들어가 있으면 그 숲이 어떻게 생겼는지 결코 알지 못하겠지요. 너무나 당연한 말을 왜 하느냐고 나무랄지 모르지만 너무 많은 사람들이 실제로 숲속의 일에만 쫓긴 나머지 밖으로 나와 자기 인생의 숲 전체를 조망할 엄두도 내지 못합니다.

이런 '비극'은 순전히 나 자신만의 잘못에서 비롯한 것은 아닙니다. 우리 사회의 편협하고 획일화된 의식 시스템이 개인의 삶을 옥죄고 있기 때문이기도 하지요. 세상에 태어나는 그 순간부터, 무조건 돈 많이 벌고 출세하는 것이야말로 '최고선'이라고 세뇌당해 온 탓입니다.

자기 존재를 고민하는 것은 금기시당해 왔으며, 오로지 더 높은 자리와 더 많은 보수를 얻기에 유리하다고 공인된 앞줄을 차지하는

데로만 내몰려왔어요. 시대에 따라 약간씩 앞뒤가 바뀌기는 했지만 '사士' 자 직업을 앞세운 그 서열은 너무도 엄정했습니다. 전공이 무엇이든 상관없이 일단 일류대만 들어가면 그만이었어요. 이어서 고등고시에 패스만 하면 인생이 달라졌고요. 부잣집 규수와 엮어 주고 한몫 챙기려는 '마담뚜' 들이 장사진을 치고 고향이나 모교에서는 그 눈부신 성취를 기리는 현수막을 내걸고 그 영광을 만천하에 알렸습니다. 입신양명立身揚名이 따로 없었지요.

예전에 연예인들이 '딴따라' 라며 업신여김을 당하고 배고팠던 시절에는 그 누구도 자기 자식이 '딴따라' 가 되는 걸 원하지 않았습니다. 오히려 "내 눈에 흙이 들어가기 전에는 안 된다"라며 필사적으로 말렸지요. 그러나 요즘에는 어떤가요. 뜨기만 하면 CF 몇 편으로 수억 원씩 벌어들이는 일이 생기자 너도나도 스타를 만들겠다며 어린 자식들 손을 잡아끌고 방송국 문턱이 닳도록 드나들잖아요.

1998년인가요, 박세리 선수가 LPGA에서 우승하며 돈과 명예를 거머쥐는 걸 보고는, 한동안 고사리 같은 손에 골프채를 쥐어주며 요란법석을 떨기도 했지요. 그 아이가 그걸 재미있어 하는지는 우선 고려사항이 아니었어요. 물론 그 옛날 험한 세월 배곯고 살았던 부모님들이 출세까지는 아니더라도 자식들이 '든든한 밥자리' 잡아 잘 살기를 소망하신 것은 당연한 일입니다. 그러나 오늘날 벌어지는 요지경을 보면 그런 차원이 아니지요. 인생의 행복을 오로지 파이와 권력의 크기로 재단하는 무지몽매無知蒙昧 때문입니다. 이런 무지몽매는 개인 차원이 아니라 이미 오랫동안 우리 사회를 지배해 온 거대한 의식의 스펙트럼이지 않겠어요.

이런 환경에서 우리는 개인의 아이덴티티를 고민하고 형성할 겨를이 없었습니다. 출세의 줄 세우기에 내몰리고 다른 사람의 시선을 의식한 '남의 인생'을 사느라 정작 '자기 인생'을 사는 법을 배우지 못했지요. 이처럼 거창한 얘기까지 갈 것도 없어요. 지금 당장 당신의 일과 삶을 돌아보세요.

과연 '이렇게 살아도 괜찮은지', '나는 충분히 행복하게 살고 있는지', '내 삶의 궁극적인 지향점은 어디인지', '주위의 기대나 익숙한 것들과의 결별에 대한 두려움 때문에 자신의 진정한 욕구를 애써 모른 체하고 있는 것은 아닌지' 이런 고민은 '하고 싶은 일'의 문제일 수도 있고 일하는 방식의 문제일 수도 있고 삶의 태도 문제일 수도 있습니다.

《가슴 두근거리는 삶을 살아라Source》의 저자 마이크 맥매너스는 "정작 나를 책임지지 않는 삶은 버리라"며 이런 통찰을 전합니다.

우리 사회는 '나를 책임지지 않는 삶'을 버리도록 그냥 내버려두지 않는다. 오히려 자신이 하고 싶은 일만 하는 사람은 무책임하다는 핀잔만 듣는다. 그런 일을 직업으로 삼으려고 하면 굶어죽기 딱 좋다는 딱한 시선으로 바라본다. 그리고 책임이란 가족과 직장 그리고 사회에서 기대하는 대로 행동하는 것이라고 가르치면서 어떤 행동이 사회적으로 환영받는 행동인지, 어떤 직업이 바람직한지를 엄중하게 지시한다. 세상이 커다란 가이드라인을 제시하면 대부분의 사람들이 그대로 믿고 받아들이는 것이다.

인기 높은 대학, 보수 많은 직장, 조건 좋은 결혼, 착실한 저축, 안정된 생활…… 우리들은 이렇게 정해진 대로 살면서 세상에 동화되고 그것을 당연한 일로 여긴다. 그 결과 인생의 균형이 흔들리면서 살아갈 의욕을 잃고 심신의 건강을 해친다. 설령 이런 사실을 자각하더라도 책임감이나 죄책감 때문에 그 안에 갇혀 빠져나오지 못한다. 정말 좋아하는 일은, 진정으로 바라는 삶은 정년퇴직한 뒤에 챙겨도 늦지 않다고 스스로 위안을 삼을 뿐이다.

아무리 바빠도 한 번쯤 멈춰 서서 인생의 숲을 돌아보세요. 바로 그 통찰이 공연히 바쁘기만 하고 피곤한 삶 속에서 당신을 건져내줄지 모르잖아요.

바보들은
항상 안 된다고만 한다

세상을 바꾼 혁명이나 탁월한 업적은 가만 살펴보면 다수의 지지를 받아 일어난 것이 아니더군요. 대개는 '불가능하다' 거나 '무모하다' 는 다수의 만류와 비웃음을 뿌리치고 이루어졌어요. 그것을 이룬 당사자들은 한결같이 긍정적인 사고로 일관했고 '가능하다' 는 믿음을 한시도 저버리지 않았기에 실현된 거예요.

에디슨도 전등을 만들어내기까지 수천 번의 실패를 거듭했지만 그는 그것을 한 번도 실패라고 생각해본 적이 없었다는군요. 다만, 성공을 위해 거쳐야 할 당연한 과정일 뿐이라고 여겼다니, 듣고 보니 과연 그렇지요.

그런데 매사에 부정적인 말부터 꺼내고 부정적으로 반응하는 사람들이 많습니다. 무슨 일을 하자고 의견을 구하면 '그건 이래서 가능성이 없겠는데요' , '요즘 누가 그런 데 관심이 있을까요?' , '우리 상황으로는 너무 무립니다' , '생각은 좋지만 누가 그걸 합니까?' , '저는 다른 일이 바빠서 안 되겠는데요' , '그 사람 보나마나 뻔해요. 못한다고 할 걸요' , '글쎄요, 이론상으로는 가능하겠지만 현실적으로 도저히 불가능할 것 같은데요' , 하는 온통 부정적인 반응으로 사람을 맥 빠지게 만듭니다. 이런 분위기에서 무슨 일인들 제대로 진행되고 발전이 있겠어요.

무슨 일을 시키면, '시키니까 하긴 하는데요. 저는 책임 못 집니다' , 하고 대답한다면 누가 그와 더불어 일을 도모할 생각이 들겠어요. 이런 사람들은 자기가 처한 현실에서 한 발짝도 더 나갈 수 없습니다. 정말이지 아무것도 못 하는 식물인간에 다름 아니에요. 그런 사람일수록 무슨 일이 잘못되면 변명만 일삼기에 바쁘고 그 탓을 남에게 돌립니다. 만약 위의 부정적인 반응을 이렇게 바꿔보면 어떨까요.

'가 보기에도 가능성은 충분합니다. 다만 이런 점은 신중하게 고려할 필요가 있을 것입니다' , '그러잖아도 사람들이 요즘 유행하는 트렌드에 싫증을 낼 때가 되었는데, 그렇게 역발상으로 치고 들어가는 것이 의외의 호응을 이끌어낼 수 있을 것으로 보입니다' , '비록 상황이 어렵긴 하지만 지혜를 모으면 우리 힘으로도 얼마든지

해낼 수 있을 것입니다', '적임자를 한번 찾아보겠습니다', '다른 일이 바쁘긴 하지만 업무 조정만 되면 제가 해보겠습니다', '물론 까다로운 사람이긴 하지만 제가 직접 만나 성심껏 설득하면 승낙할 것입니다', '일단 그와 관련하여 더 조사해보고 가능한 방법을 찾아내겠습니다', '이런 문제만 해결해주시면 제가 책임지고 해보겠습니다' 하고 말예요.

우리는 정확한 시세 판단에 따른 충고와 자신의 게으름이나 두려움에 따른 부정적인 반응은 구분할 줄 알아야 하겠지요. 정말 이건 아니라고 판단될 때 "아니오!" 라고 말할 수 있는 '용기' 와 매사에 무조건 "아니오!" 라고 말하는 '버릇' 은 구분할 줄 알아야 하지 않을까요.

세계적인 벤처 기업가 앤드류 우드는 《지금 나에겐 못할 것이 없다》에서 "승자의 자세가 승리를 가져온다" 라는 통찰을 담은 얘기를 전합니다.

한 소년이 샌프란시스코 만의 언덕에 서서 인부들이 작업하는 모습을 물끄러미 바라보고 있었다. 호기심을 이기지 못한 그 소년은 커다란 쇠기둥을 용접하고 있는 세 사람의 인부에게 다가갔다. 첫 번째 용접공에게 "지금 무엇을 하고 계세요?" 하고 묻자 그는 퉁명스럽게 "보면 모르겠냐? 먹고 살기 위해 이 짓을 하고 있지" 하고 대답했다. 두 번째 용접공에게 같은 질문을 하자 그는 귀찮다는 듯이 "쇳조각을 용접하는 중이잖니" 하고 대답했다. 소년은 다시 세 번째 용접공에게 다가갔다. 소년을 본 그는 일하다 말고 고개를 들어 환한 미소를 보냈다. 소년이 같은 질문을 하자 그는 "나는 지금 세상에서 가장 멋진 다리를 만들고 있단다" 하고 말했다. 그 대답을 들은 소년은 얼굴에 환한 미소를 지으며 집으로 돌아갔다.

같은 일을 하면서도 사람들은 왜 이렇게 다를까요? 바로 생각의 차이 때문 아닐까요. 같은 일을 하면서도 그 생각의 차이 때문에 전혀 다른 인생을 사는 것이지요. 내가 만일 매사에 부정적인 생각만 한다면 내 평생 좋은 일은 한 번도 일어나지 않을 것입니다. 나는 단 한 번도 일을 통해 성취감을 맛보지 못할 것입니다. 결국 나는 단 하루도 행복하지 못할 것입니다.

왜냐고요? 좋은 일이 생겼는데도, 성공이 이뤄졌는데도, 행복이 찾아왔는데도 알아차리지 못할 테니 말예요.

아무리 고단하더라도 마음의 미소를 잃지 마세요. 긍정적으로 생각하고 말하고 행동하는 여유를 잃지 마세요. 그러면 행복해지는 날이 많아지지 않을까요.

작은 성공에 도취하면
크게 망한다

　사람들이 모여서 뜻을 세우고 무슨 일을 하게 되면 처음에 어려울 때는 서로를 감싸고 이해하면서 화합합니다. 그러나 일이 성공하게 되어 나눌 열매가 생기면 그때부터 분란이 일어나요. 처음에 세운 뜻은 빛이 바래가고 모두들 자기가 차지할 열매에만 생각이 미치기 때문이지요.

　그러나 《동의보감》의 주인공 허준은 아무리 큰 공을 이뤘어도 애초에 세운 뜻을 한시도 잊지 않았습니다. 이미 이룬 공은 다른 사람들에게 돌리고 자신은 묵묵히 새로운 공을 이루기 위해 애쓸 뿐 이미 이룬 공을 서로 차지하느라 벌이는 아귀다툼에 휩쓸려 세월을 허비하지 않았지요. 아귀다툼에 혈안이 되었던 사람들은 흔적도 없이 사라졌으나 허준은 그 이름을 청사靑史에 길이 새겼습니다. 노자의 가르침대로 "공을 이루고도 그 공에 처하지 않음으로써 능히 그 뜻을 이룬 것" 입니다.

기업의 일에 이르러서도 하나를 성공하면 그 하나의 성공에만 안주하려 하기 십상입니다. 그 성공이 언제까지나 이어지리라는 안일한 생각 때문이지요. 이런 점에서 일본의 중소기업 오카노 공업이 실천해온 변화 경영은 깊이 새겨 배울 만합니다.

기껏 6명의 종업원으로 연간 매출을 무려 60억 원2006년 기준이니 올리는 오카노 공업은 주로 금형과 프레스를 생산하는 하청업체다. 물론 대기업 기준으로 보면 아주 작은 규모지만 일본 굴지의 대기업뿐 아니라 미국의 NASA나 펜타곤국방부까지 찾아와 일감을 부탁할 정도로 잘나가는 기업이다. 휴대폰의 리튬이온 전지 케이스 금형을 처음으로 만들어낸 사람도 오카노 공업의 오카노 사장이다. 그는 항상 5년 후에는 어떤 새로운 기술로 경쟁력을 유지해야 하는가를 고민한다.

아무리 획기적인 기술이라도 절대 3년 이상 우려먹지 않는다. 3년 정도 지나면 이미 다른 경쟁업체들이 그대로 따라하는 것은 그다지 어렵지 않기 때문이다. 그렇게 되면 제살 깎아먹기식 출혈경쟁이 벌어질 것은 불을 보듯 뻔하다. 따라서 그는 새로운 기술을 3

년 정도 써먹다가 다른 기업들에게 팔아버리고 끊임없이 새로운 기술을 개발하여 경쟁력 우위를 유지한다.

오카노 사장은 "하이테크가 각광받는 세상이지만 누군가는 로테크를 생산해야 한다. 로테크 없는 하이테크는 사상누각沙上樓閣"이라는 신념을 갖고 있다. 아무리 중국이 물량을 내세워 저가 공세를 펴더라도 최고의 로테크 기술을 유지하는 한 건재할 것이라고 믿는다.

성공에 관해서도 주관이 분명한 그는 "크든 작든 창조적인 작업을 방해하고 변화를 가로막는 최대의 적은 '화려했던 과거'에 대한 집착이다. 과거의 성공에 집착하면 시야가 좁아지고 기개氣槪가 사라진다. 과거를 먹고 사는 늙은이가 아니라 미래를 꿈꾸며 사는 젊은이의 눈으로 세상을 바라보아야 한다"고 통찰한다.

노자도 "성스러운 사람들은 하면서 기대지 아니하고, 공이 이루어져도 그 속에 처하지 아니하고, 그 슬기로움을 드러내지 않는다聖人爲而不恃, 功成而不處, 其不欲見賢" 김용옥 풀이고 했습니다. 웅덩이에 고인 물이 강으로 흘러들기를 두려워한다면 그는 영영 바다가 될 수 없을 뿐더러 한 마리의 물고기도 키울 수 없겠지요. 웅덩이는 안전하긴 하지만 죽어 있는 세상이니까요.

아시겠지만 "소유한 만큼 누리는 것이 아니라 누리는 만큼 소유하는 것"아니겠어요. 그런 의미에서 《엔트로피》의 저자 제러미 리프킨이 《소유의 종말The Age of Access》에서 보여준 통찰은 두고두고 새길 만합니다.

'소유'는 급변하는 세상에 적응하기에는 너무 느려터진 개념이다. '소유한다'는 것은 그동안 금과옥조金科玉條로 떠받들어졌다. 하지만 눈알이 핑핑 돌도록 빠르게 돌아가는 오늘날, 소유에 집착하는 것은 곧 자멸하는 길이다. 변화하지 않는 것이라고는 변화밖에 없는 세상에서, 소유하고 보유하고 축적하는 태도는 점점 설 자리를 잃어간다.

그러고 보면 미래의 성공을 위해 경계해야 할 최대의 적은 '실패'가 아니라 '현재의 성공'이다. "달도 차면 기울게 마련"이고 "오르막이 있으면 내리막이 있게 마련"이라는 동서고금東西古今을 관통해온 속담이 우리에게 끊임없이 경계의 신호를 보내왔건만 우리는 정작 '나 자신'의 문제에 이르면 귀에 못이 박이도록 들어온 아주 당연한 교훈을 까맣게 잊어버린다.

가장 믿을 만한
사람은 나 자신

자기 인생을 경영하는 데 있어 결과에 연연해하고 실패를 두려워하면 당당해질 수 없겠지요. "진인사대천명盡人事待天命"이라 했습니다. 최선을 다했다면, 결과는 하늘에 맡기는 수밖에 없잖아요. 그리고 나 자신을 신뢰한다면 학벌이나 집안 등 배경이 보잘것 없다고 해서 괜히 주눅 들 필요도 없고요. "살고자 하면 죽을 것이요, 죽기를 각오하면 살 것"이라는 격언은 전쟁에서만 통하는 얘기가 아니라 우리 일상에서도 늘 유효합니다.

세계적인 음악가를 꿈꾸는 한 시골 여학생이 있었다. 그녀는 시골에서 자라 중학교를 졸업할 때까지 시골 학원에서 피아노를 배우다가 고등학생이 되어서야 서울에 있는 선생님을 찾아 본격적인 레슨을 받았다. 명석하고 당찬 그녀는 만만치 않은 레슨 과정을 금세 소화해내며 일취월장日就月將했지만 선생님은 그녀가 최고 대학에 들어가기에는 체계적인 레슨을 너무 늦게 시작했지 않았나 싶어 안타까워했다.

아니나 다를까, 그녀의 필기시험 성적은 뛰어났지만 실기시험 결과는 아무래도 만족스럽지 못했다. '올해 안 되면 내년에 다시 도전하지', 하는 마음으로 편하게 면접에 응했다.

"음악은 얼마나 공부했지?"

면접관의 퉁명스런 첫 질문은 다소 긴장하고 있던 그녀의 두려움을 일시에 날려버렸다. 그녀가 "4년을 공부했다"고 대답하자 면접관이 반문했다.

"그 실력으로 우리 학교 같은 명문에 들어올 수 있다고 생각하나?"

거기에는 예술고 출신도 아닌 너 같은 시골뜨기가 겨우 4년을 공부한 실력으로 감히 최고 명문인 우리 학교를 무슨 배짱으로 넘보는 거냐는 비웃음이 서려 있었다. 그러나 그녀는 조금도 주눅 들지 않고 당당하게 말했다.

"저는 떨어지더라도 한번 경험 삼아 이 학교에 도전한다는 생각을 해본 적이 없습니다. 반드시 이 학교에 들어오고야 말겠다는 각

오로 최선을 다했습니다. 저는 이 세상 무엇보다 음악을 사랑하고 좋은 음악을 만들 자신이 있습니다. 저는 그런 제 자신을 믿고 여기까지 왔습니다. 비록 여기서 떨어진다고 해도 제 자신에 대한 믿음에는 변함이 없을 것입니다. 그 믿음이 있는 한 제 자신에 대해 실망하는 일도 없을 것입니다."

면접을 마치고 나온 그녀는 십중팔구 떨어질 것이라고 생각했지만 결국 우수한 성적으로 합격했다. 이것 하나만 봐도 정말 훌륭한 학교에 다니게 되었다는 믿음이 들었다.

겸손이 비굴이나 아첨과는 다르듯이 자신에 대한 믿음이나 자존심은 교만과는 다릅니다. 노먼 빈센트. 필미국의 목사은 "다른 사람의 호감을 사는 중요한 요소의 하나는 자아를 살리는 데 있다"라고 했으며, "자신을 가치 있는 사람이라고 생각하라. 칭찬과 존경을 받기에 충분한 인간이라고 생각하라. 그러면 결국 사람은 마음속에서 그리는 대로 되는 것"이라고 했습니다. 현재 내가 어떤 환경에 처해 있든, 다른 사람들이 나를 뭐라고 평가하든 몽테뉴의 통찰대로 "세상에서 가장 중요한 일은 어떻게 하면 내가 온전히 나 자신의 주인이 될 것인가를 아는 일입니다."

인생에 대해 말하자니 문득 법정 스님이 남긴 법문 한마디가 생각납니다. 위에서 몽테뉴가 말한 "내가 온전히 나 자신의 주인이 되는" 일에도 관련된, 정곡을 찌르는 지혜의 죽비입니다.

"인간의 목표는 풍부하게 소유하는 것이 아니라 풍성하게 존재하는 것이다."

인생의 친구를 만드는
유일한 방법

공자는 인仁을 얘기했고, 부처는 자비慈悲를 설파했으며, 예수는 사랑을 전했지요. 말만 다르지 뜻에는 다름이 없습니다. 누구든지 사랑으로 대하면 결국 그 사랑에 감화된다고 했습니다. H. W. 롱펠로우미국의 시인는 이렇게 노래했습니다.

"헛된 사랑이었노라고 말하지 말라. 사랑은 결코 헛되지 않았다. 비록 그의 마음을 살찌우지 못했을지라도 그 사랑은 빗물처럼 다시 그의 샘으로 돌아와 새로움으로 가득 채워진다."

톨스토이의 소설 《바보 이반》은 다툼과 탐욕으로 들끓는 현대인들에게 사뭇 진한 감동을 선사합니다. 바로 이 소설을 쏙 빼닮은 철학우화〈흰돌마을과 검은돌마을〉은 "무엇으로 적을 친구로 만드는지" 잘 보여줍니다.

흰돌마을 추장은 흰돌산에 들어가 도를 닦으며 거기서 나오는 곱돌로 생활용품 만드는 법을 배웠고, 검은돌마을 추장은 검은돌산에 들어가 무술을 닦으며 거기서 나오는 쇠로 무기 만드는 법을 배웠다. 어느 날 검은돌마을 추장이 쇠 창검으로 무장한 군사들을 앞세워 흰돌마을을 공격했다. 용감한 청년들은 맞서 싸우자고 주장했지만 추장은 눈을 감고 한참을 생각하더니 항복하는 것이 좋겠다고 했다. "검은돌마을 추장은 무술이 뛰어날 뿐 아니라 성질이 포악하다고 들었다. 그 성질을 잘못 건드렸다가는 아무도 살아남지 못할 것이다. 내게 다 생각이 있으니 일단 저들에게 엎드려 목숨부터 구하고 보자."

검은돌마을 추장이 머리를 숙인 흰돌마을 추장더러 "도술을 모르는 가짜 도인"이라고 비웃자 흰돌마을 추장은 "머리를 숙이는 것도 도입니다. 저는 추장께 배울 것이 많은 사람입니다. 제 배움에 좋은 귀감이 되어 주십시오" 하고 정중하게 허리를 꺾었다. 이렇게 하여 흰돌마을은 검은돌마을의 지배를 받게 되었다.

그 이후 검은돌마을 사람들이 흰돌마을로 들어와 함부로 약탈을 일삼았으며, 흰돌로 만든 생활용품들을 가져갔다. 한편 흰돌마을 추장은 흰돌마을 사람들이 검은돌마을 사람들에게서 쇠 다루는 기술을 배워 널리 유익하게 사용하도록 했다. 흰돌마을 사람들은 곱돌로 생활용품 만드는 법을 잘 알고 있는 데다 쇠 다루는 기술까지 익혀, 모든 생활용품을 쇠로 만들 수 있게 되었다.

흰돌마을 추장은 검은돌마을로부터 쇠를 얻는 조건으로 곱돌로 만든 생활용품들을 검은돌마을에 보내주었다. 그러자 검은돌마을 사람들은 곱돌로 만든 생활용품을 아주 유익하게 쓸 줄 알게 되었고, 나중에는 그 모양을 본떠 쇠로 생활용품을 만들게 되었다.

이렇게 되자 검은돌마을에서는 쇠로 만든 무기를 녹여 생활용품을 만드는 사람들이 점차 늘어났다. 이제 흰돌마을에서든 검은돌마을에서든 누구나 능숙하게 쇠로 생활용품을 만들 수 있게 되었다. 그동안 주색잡기로 세월을 보내던 검은돌마을 추장은 뒤늦게 정신을 차렸다. 검은돌마을 사람들이 무기를 녹여 생활용품을 만드는 걸 보고 깜짝 놀라 무기를 녹여 생활용품을 만드는 자들을 모조리 잡아들이라고 명령했다. 그러나 이미 검은돌마을 추장 곁에는 그의 명령을 집행할 부하들이 남아 있지 않았다. 그들도 모두 무기를 녹여 생활용품을 만들었기 때문이다.

이게 모두 흰돌마을 추장의 수작이라고 생각한 검은돌마을 추장은 흰돌마을 추장에게 달려가 칼을 빼들고 죽이겠다고 호통을 쳤다. 그러자 흰돌마을 추장이 엎드려 절하며 말했다.

"추장은 과연 저의 스승이십니다."

검은돌마을 추장이 눈알을 부라리며 물었다.

"지금 무슨 소릴 하고 있는 것인가? 또 나를 현혹되게 하려는가?"

흰돌마을 추장이 지극히 부드러운 목소리로 말했다.

"전쟁이 있기에 사람들은 평화를 알게 됩니다. 두려움이 있기에 사람들은 삼감을 알게 됩니다. 노여움이 있기에 사람들은 너그러움을 알게 됩니다. 제게 즐거운 마음으로 생활할 수 있는 평화, 매사에 삼갈 줄 아는 마음, 너그러움을 베푸는 미덕을 가르쳐주신 분은 바로 추장이십니다."

검은돌마을 추장은 한동안 그 말이 칭찬인지 비웃음인지 분간을 못하고 그저 눈만 껌뻑거렸다. 나중에서야 그 뜻을 알아차린 검은돌마을 추장은 "그러니까, 나는 악한 자이고 너는 선한 자란 말이렷다? 더 이상은 못 참겠다"며 흰돌마을 추장의 목을 한칼에 날려버릴 기세였다.

"그게 아닙니다. 추장께서는 약하고 저는 강하다는 뜻입니다."

"뭐라구?"

흰돌마을 추장의 말에 검은돌마을 추장은 더욱 화가 치밀어 올랐다. "그러면 어디 한번 지금 제 목을 쳐보십시오. 그러고 나면 온 마을 사람들이 달려와 추장의 목을 칠 것입니다."

흰돌마을 추장은 검은돌마을 추장의 칼 아래 목을 내밀었다.

문득 주위를 둘러보던 검은돌마을 추장은 아연실색하였다. 어느새 소문을 듣고 달려온 사람들이 그를 무섭게 노려보고 있었다. 거기에는 흰돌마을 사람들뿐 아니라 검은돌마을 사람들도 있었다. 아무도 그의 편을 드는 사람은 없어 보였다. 검은돌마을 추장은 이내 칼을 버리고 흰돌마을 추장 앞에 털썩 무릎을 꿇었다.

"추장님! 제가 죽을죄를 지었습니다. 저는 한없이 약하고 당신은 한없이 강하다는 사실을 이제야 깨달았습니다."

나는 늘 다툼을 일으키는 사람이 되어 사방에 적을 지을 것인가, 아니면 있는 다툼마저 녹이는 사람이 되어 사방에 친구를 지을 것인가?

그 답은 바로 늘 내 안에 있습니다.

감사의 말

저와 제 가족, 그리고 뚜띠쿠치나가

숱한 난관을 뚫고 여기까지 오는 동안

많은 분들의 도움과 보살핌이 있었습니다.

제 삶과 배움, 그리고 뚜띠쿠치나의 비전을 담은

이 책이 우여곡절을 거쳐 나오기까지도

많은 분들의 노고와 도움이 있었습니다.

그 모든 분들에게 고마운 마음을 전합니다.

_서정마을의 가을밤에, 지은이

무엇이 큰 불행이고

무엇이 큰 행복인가?

본시 불행과 행복은

그 크기가 미리 정해진 것이 아니다.

다만 그것을 받아들이는

사람의 마음에 따라

작은 것도 지극히 커지고

큰 것도 지극히 작아질 수 있다.

달콤한 제안
김광태 지음
300쪽 | 15,000원

밥이 고맙다
이종완 지음
289쪽 | 15,000원

잘 살고 있나요?
이종완 지음
260쪽 | 14,000원

따져봅시다
김선아 지음
224쪽 | 12,000원

독한 시간

최보기 지음

244쪽 | 13,800원

놓치기 아까운
젊은날의 책들

최보기 지음

248쪽 | 13,000원

독서로 말하라

노충덕 지음

240쪽 | 14,000원

감사, 감사의 습관이
기적을 만든다

정상교 지음

242쪽 | 13,000원

당신이 생각한 마음까지도 담아 내겠습니다!!

책은 특별한 사람만이 쓰고 만들어 내는 것이 아닙니다.
원하는 책은 기획에서 원고 작성, 편집은 물론,
표지 디자인까지 전문가의 손길을 거쳐
완벽하게 만들어 드립니다.
마음 가득 책 한 권 만드는 일이 꿈이었다면
그 꿈에 과감히 도전하십시오!

업무에 필요한 성공적인 비즈니스 뿐만 아니라 성공적인 사업을 하기 위한
자기계발, 동기부여, 자서전적인 책까지도 함께 기획하여 만들어 드립니다.
함께 길을 만들어 성공적인 삶을 한 걸음 앞당기십시오!

도서출판 모아북스에서는 책 만드는 일에 대한 고민을 해결해 드립니다!

모아북스에서 책을 만들면 아주 좋은 점이란?

1. 전국 서점과 인터넷 서점을 동시에 직거래하기 때문에 책이 출간되자마자 온라인, 오프라인 상에 책이 동시에 배포되며 수십 년 노하우를 지닌 전문적인 영업마케팅 담당자에 의해 판매부수가 늘고 책이 판매되는 만큼의 저자에게 인세를 지급해 드립니다.

2. 책을 만드는 전문 출판사로 한 권의 책을 만들어도 부끄럽지 않게 최선을 다하며 전국 서점에 베스트셀러, 스테디셀러로 꾸준히 자리하는 책이 많은 출판사로 널리 알려져 있으며, 분야별 전문적인 시스템을 갖추고 있기 때문에 원하는 시간에 원하는 책을 한 치의 오차 없이 만들어 드립니다.

기업홍보용 도서, 개인회고록, 자서전, 정치에세이, 경제 · 경영 · 인문 · 건강도서

모아북스 문의 0505-627-9784
MOABOOKS

혀끝이 아닌 삶으로 느끼는 맛

뚜띠쿠치나에서 인문학을 만나다

초판 1쇄 인쇄 2019년 10월 11일
1쇄 발행 2019년 10월 18일

지은이 이현미
발행인 이용길
발행처 **모아북스**
          MOABOOKS

관리 양성인
디자인 이룸

출판등록번호 제 10-1857호
등록일자 1999. 11. 15
등록된 곳 경기도 고양시 일산동구 호수로(백석동) 358-25 동문타워 2차 519호
대표 전화 0505-627-9784
팩스 031-902-5236
홈페이지 www.moabooks.com
이메일 moabooks@hanmail.net
ISBN 979-11-5849-116-1   03190

이 도서의 국립중앙도서관 출판예정도서목록(CIP)은 서지정보유통지원시스템 홈페
이지(http://seoji.nl.go.kr)와 국가자료종합목록 구축시스템(http://kolis-net.nl.go.kr)
에서 이용하실 수 있습니다. (CIP제어번호 : CIP2019040785)

모아북스 는 독자 여러분의 다양한 원고를 기다리고 있습니다.
MOABOOKS
(보내실 곳 : moabooks@hanmail.net)